심장 속에 있는
수십 겹의 대일밴드

심장 속에 있는
수십 겹의 데일밴드

**초판 1쇄 인쇄**　2025년 06월 02일
**초판 1쇄 발행**　2025년 06월 18일

　　**신고번호**　제313-2010-376호
　　**등록번호**　105-91-58839

　　　**지은이**　오영리

　　　**발행처**　보민출판사
　　　**발행인**　김국환
　　　　**기획**　김선희
　　　　**편집**　현경보
　　　**디자인**　다인디자인

　　　　**주소**　경기도 파주시 해울로 11, 우미린@ 상가 2동 109호
　　　　**전화**　070-8615-7449
　　　**사이트**　www.bominbook.com

　　　　**ISBN**　979-11-6957-349-8　　　03810

- 이 책은 충주문화관광재단의 후원을 받아 충주문화예술지원사업의 일환으로 발간되었습니다.
- 가격은 뒤표지에 있으며, 파본은 구입하신 서점에서 교환해드립니다.
- 이 책은 저작권법에 의하여 보호를 받는 저작물이므로 무단 전재와 복사를 금합니다.

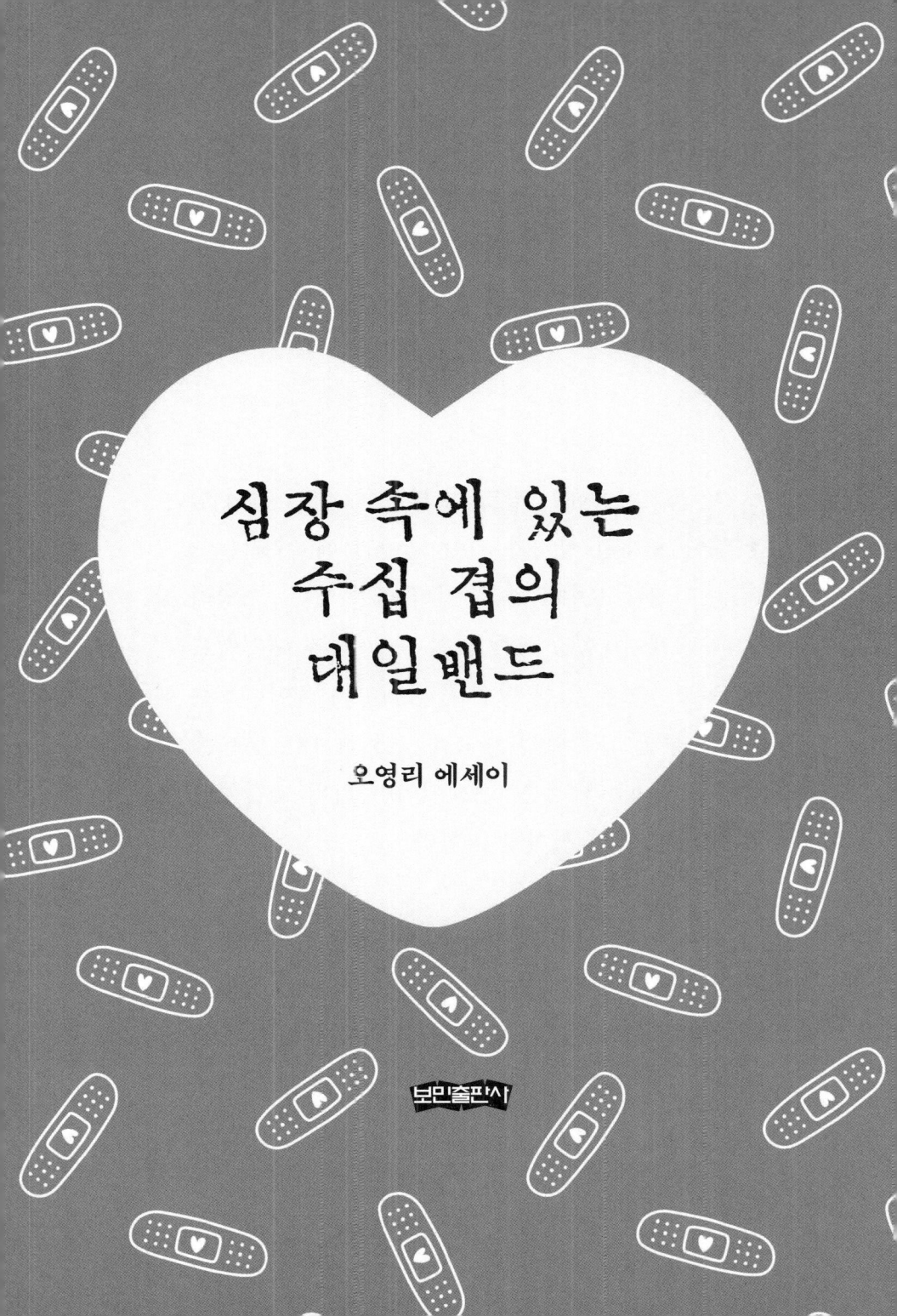

# 심장 속에 있는 수십 겹의 대일밴드

오영리 에세이

보민출판사

**추천사**

　사람의 마음에는 말로 다 닿을 수 없는 결이 있다. 아픔이 오래된 상처가 되어 굳어질 때, 우리는 겉으로는 멀쩡해 보여도 속은 이미 곪아 있다. 오영리 작가의 에세이 『심장 속에 있는 수십 겹의 대일밴드』는 바로 그 '속'에 있는 상처를 섬세하게 들여다보는 책이다. 누군가의 다친 마음에 조용히 대일밴드를 붙여주는 듯한 이 책은, 에세이이자 삶의 조각들이 흩뿌려진 한 편의 시처럼 읽힌다.

　책은 어린 시절 엄마를 잃은 딸의 시선으로 시작된다. "어떤 날은 심장에 몸살이 난 듯 온몸의 체온이 불덩이가 되었고, 어떤 날은 쑤시고 결렸다"는 문장에서 느껴지듯, 주인공 은아의 상실감은 지독한

슬픔을 넘어 심장 안쪽에서 욱신거리는 통증이다. 그러나 은아가 할 수 있는 일은 대일밴드를 덧대는 일뿐이었다. 작가는 그 덧댐을 "조금 통증이 가라앉은 듯한 착각으로 자신을 안아주며 살아가는 수밖에 없었다"고 표현한다.

이 책의 제목은 그렇게 탄생했다. 심장 속에 무심코 붙였던 대일밴드들이 겹겹이 쌓이고, 그 위로 다시 세월과 사연이 덧붙여진다. 마치 오랜 시간 단단한 압력을 견디며 돌이 다이아몬드가 되듯, 이 책 속의 상처들도 묵묵히 그렇게 단단해진다. 독자는 작가의 진심 어린 기록 속에서 어느새 자신의 상처를 돌아보게 된다. 그리고 깨닫는다. 나도 나에게 대일밴드를 붙여주지 않았다는 사실을 말이다.

작가 오영리는 말한다. "이 글을 읽는 독자들과 교감하고, 위로하고 싶은 마음에 이 글을 쓰게 되었다"고. 그리고 "단 한 사람의 독자라도 이 글에 공감하고 단 한 구절에서라도 상처 입은 마음이 치유되기를 바란다"고 덧붙인다. 그 바람은 문장마다 고스란히 스며 있다. 때로는 날카롭게, 때로는 따뜻하게, 작가는 주변 사람들의 시선에 대해, 상처에 대해, 오해와 사랑, 그리고 회복에 대해 이야기한다.

'불륜커플'에서는 주말부부로 살아가는 부부가 주변의 오해에 직면하면서도 서로에 대한 신뢰로 버텨 나가는 모습을 유쾌하게 그려낸다. "소문이 틀리진 않네요. 돈 많은 유부남 그리고 그 유부남의 여자"라는 말에, 그녀는 속으로 되뇐다. "은행에 갚아야 할 돈이 많은 가정 있는 남자, 그리고 그 본처는 지금 여기 있는 바로 나!" 이 유쾌한 반전은 웃음을 주기도 하지만, 선입견의 무서움을 다시 한번 되새기게 만든다.

한편 '커피 찌꺼기'에서는 버려진 찌꺼기가 새로운 정원에서 다시 살아가는 이야기를 통해, 인생의 두 번째 기회를 이야기한다. "비참하고 보기 좋게 버려졌던 이곳에서 안도의 한숨을 쉬며 지나온 날을 회상한다"는 마지막 문장은, 절망에서 다시 희망을 품게 하는 치유의 메시지다. 누구나 가진 상처에 대해 작가는 "이렇게 살아도 괜찮아"라는 말을 던지기보다 "너의 방식대로 살아도 괜찮아"라는 메시지를 독자에게 전한다. 그 다정함이, 이 책을 끝까지 읽게 만든다.

만약 누군가 살아가는 게 많이 버거운 날, 이 책을 펼쳐보면 좋겠다. 짧지만 선명한 한 편의 글이, 오래토록 붙잡았던 감정을 어루만져 줄 것이다. 그리고 어쩌면, 우리의 심장 속에도 조용히 대일밴드 하나가 덧대어질지도 모른다. 그런 위로와 공감이 필요한 모든 이들에게 이 책을 추천하고 싶다.

2025년 6월
편집위원 **김선희**

### "날지 못하는 나비를 바라보며"

나의 화실에는 언제나
나를 기다리는 캔버스가 있다.
가끔 나를 만날 때면
내 손길로 터치해 주기를 원하는 듯
간절한 눈빛으로 나를 바라본다.

오늘은 어떤 그림을 그려 넣을까?
나비 한 마리를 그렸다.
눈을 감고 상상한다.
어두운 이곳 아무도 없는 이곳에서
나비 홀로 외로움과 두려움에

날개를 펴보지도 못한 채 움츠리고 있다.

코스모스를 그렸다.
영산홍도 그렸다.
잔디마당을 그린 다음 드넓게 펼쳐진 하늘과
해오름을 그려보았다.

정원에 물을 주는 아낙네 옆에서
물총 놀이하며 뛰어노는 아이들 모습이 보인다.
잠자리를 그려늫았다.

꽃들이 해맑은 얼굴로 웃으며 인사하고
꽃가루들도 치어리더처럼 춤을 춘다.

어느 순간 나비가 잠자리를 부르더니
하이파이브를 하고 춤추듯 날갯짓을 하며
함께 날아오른다.
무용수들의 몸부림치는 전율과 희열이
나에게까지 느껴진다.

찐 자유를 만끽하는 환상적인 날갯짓을 하며
나비는 높이 더 높이 날아오른다.

이 모든 어우러짐이
한 편의 예술작품이 되는 순간이다.
꿈 담은 캔버스 안에서
나의 꿈이 이루어지는 순간이다.

나는 이 글을 쓰면서
한 장 한 장의 백지가 새하얀 캔버스라 생각하며
매일매일 한 스푼씩 사랑을 펴 바른다.
나의 이야기가 독자의 가슴에
공기와 햇살이 되기를 꿈꾼다.

때로는 메마른 대지를 흠뻑 적셔주는 비가 되기를,
비 묻은 얼굴을 닦아주기 위해
가슴에 품어 따뜻하게 데워놓은
보송보송한 손수건이 되기를…

그 비를 맞고 오는 이들에게
속싸개와 겉싸개 같은 글이 되었으면 하는
희망을 품어본다.

2025년 6월
작가 **오영리**

### 작가가 전하고픈 말

너무도 어린 나이에 엄마를 잃고
부서져 버린 아픈 가슴을 부여잡고,
주인공 은아가 할 수 있는 일은 아무것도 없었다.

어떤 날은 심장에 몸살이 난 듯
온몸의 체온이 불덩이가 되었고
어떤 날은 쑤시고 결렸으며,
어떤 날은 통풍이 온 듯 춥고 시리다.
콕콕 찌른다.

통증이 아무리 심해져도
그녀가 할 수 있는 일이라고는
대일밴드를 붙이면서

조금 통증이 가라앉은 듯한 착각으로
자신을 안아주며 살아가는 수밖에 없었다.

그때마다 조금씩은 완화되었다.
그렇게 조금씩 치료되어 가는 긴 세월 동안
대일밴드 역시 심장에 덕지덕지 쌓여서
뜨거운 열기에 녹아 단단하게 굳어져 있었다.
거친 돌덩이가
오랜 시간의 시련과 노력이 더해지면서
다이아몬드로 변해가듯 말이다.

현대인들 또한 주인공처럼
아픈 가슴을 안은 채 살아가고 있다.
심장 안에서 피고름이 터지고 있는 줄도 모르고…
그러면서도 그들은 각각의 이유로
대수롭지 않게 여기며 그냥 그냥 살아간다.
응급처치가 필요할 법한데도 말이다.

작가는 이 글을 읽는 독자들과 교감하고,

위로하고 싶은 마음에 이 글을 쓰게 되었고
「심장 속에 있는 수십 겹의 대일밴드」라는
제목을 붙이게 되었다.

작가의 바람은 거창하지 않다.
단 한 사람의 독자라도 이 글에 공감하고
단 한 구절에서라도 상처 입은 마음이 치유되고
조금이나마 용기를 얻고
힘차게 나아갔으면 좋겠다.

그리고 주인공이 해탈을 경험했듯이
상처 입은 이들이 아픔과 번뇌에서 벗어나
앞으로는 긍정적인 생각으로
별처럼 빛나는 삶을 살아갔으면 하는 마음과
기도를 담았다.

2025년 6월
지은이 **오영리**

## 목차

추천사 … 4
작가의 독백 〈오영리〉 … 8
작가가 전하고픈 말 … 12

### 제 1 장

불륜커플 … 20
〈리뷰〉 너란 애는 … 33
풍선 간판 … 42
커피 찌꺼기 … 50
절대 반품 안 함 … 64

### 제 2 장

뒷담화 그늘 … 74
누룽지 너스러 … 76
오지랖 넓어 … 78
카라멜 맛 팝콘 … 80
꽃밭 향기 그윽하다 … 82
유화의 눈웃듬 빛남이여 … 84

## 제3장

심장 속에 있는 수십 겹의 대일밴드 (1편) … 88
심장 속에 있는 수십 겹의 대일밴드 (2편) … 97
노예 아닌 노예 … 107
암초에 부딪힌 노부부의 크루즈 … 115
어느 이장님의 재판 망치 … 124

## 제4장

쥐구멍에서 해를 찾아가는 길 … 134
엄지손가락 울기 … 136
세금청구서 … 138
모기의 플러팅 … 140
풀어야 식혀야 제맛 … 142
한파 얼음 속 물고기 … 144

## 제5장

닭들의 적 … 148
곰삭은 김치 … 157
자다가도 벌떡 … 164
애지중지 태교하는 마음으로 … 174
퉁퉁 부은 발 동동 구르고 … 180

## 제6장

엄친아 애완견들 … 190
십만 원 때문에 스스로 종이 된 남자 … 199
파리목숨 … 205
다르다는 이유로 … 210
다섯 번이나 미친 그 여자 … 220

# 제1장

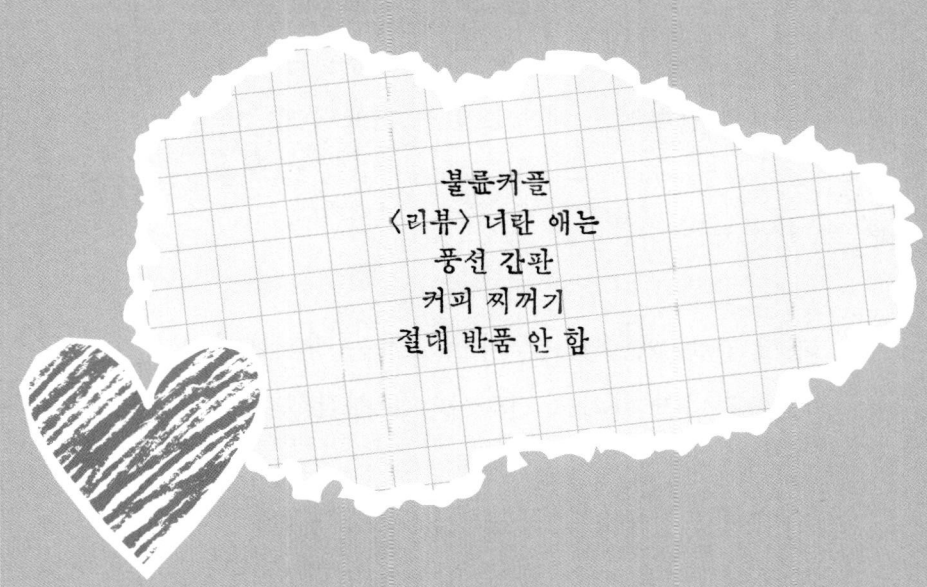

불륜커플
〈리뷰〉 너란 애는
풍선 간판
커피 찌꺼기
절대 반품 안 함

# 불륜커플

그녀는 결혼하고 건축을 처음 시작한 후
17년째 건설업을 해오고 있는 대표다.

첫 공사는
그녀 가족이 거주할 보금자리를 지었는데
정말 건축(建築)의 '건' 자도 모르는 상태에서
배짱 하나만 가지고 건축사업을 시작했다.

대학에서 건축을 전공한 것도 아니다.
남들이 1년을 배워 할 수 있는 일이라면

그녀는 3년을 버우면 못할 일이 없다는 자신감!
그것 하나밖에 없었다.

현재는 체계가 잘 잡혀 있고
나름대로는 성공한 위치에 와 있다고 자부한다.

그녀가 짓고 있는 건축물은 5층 이하의 상가건물,
4층 이하의 다가구 주택, 전원주택 등이
주 종목이다.
경기둔화가 올 경우를 대비해 큰 규모의 건축물은
환금성이 좋지 않아 위험부담이 크므로
가능하면 손대지 않는다.

그녀는 안전 경영을 최우선 원칙으로 생각한다.
포항에 주거지와 주된 사무소를 두고 있으며
얼마 전까지만 해도
사무소가 있는 곳을 주 무대로 사업을 해왔었다.

건설업에 불황이 시작되면서

까딱 잘못하면 그녀 사업이 본의 아니게
큰 위기가 올 수 있을 거 같은 예감이 들었다.

이와 맞물린 시기에
포항 지역의 건축량이 포화상태가 되는 바람에
공급과 수요의 불균형으로 인하여
건축업계의 이중고는
불 보듯 뻔한 상황이 예상된다.

이에 그녀는
청주 지역으로 사업권역을 변경하였다.
청주에서 사업할 토지를 매입했다.
그리고 시공업체 대표인 그녀는
일시적으로 기거할 방을 구했다.
본가에 있는 가족들과 일 년이 넘도록
편의상 별거를 하고 있다.

한 달 중 두 번은 그녀가 청주에서 본가로
또 한 달 중 두 번은 그녀의 남편이 본가에서

청주로 오가며 생활하는 주말부부이다.
주말부부가 되자 새로운 감정들이 솟아난다.

갓 연애를 시작했을 때의 풋풋했던 그 느낌처럼
상큼하고 달콤했으며,
품 안에 있는 작은 태양이
오븐에 데워지듯 다시 뜨거워진다.
열정적이었던 신혼 시절로 되돌아간 것 같다.
가끔은 그리움에
날밤을 꼬박 새우는 날도 부지기수다.

반대로 해방감을 넘어 자유로운 영혼이 되어
하늘을 훨훨 날고 있는 듯 기쁠 때도 있으며
때로는 십 년 묵은 체증이 내려간 듯
속이 후련할 때도 있다.

결혼해서부터 지금까지
긴 세월 동안 항상 함께 해왔으니
가슴 답답함이 있을 수도 있다.

지금은 서로를 구속하지 않고 얽매이지 않으니
이 편안함이 그녀에겐 마치
녹용이 들어간 보약과도 같다.

어떨 때는 수백 년간 숙성된
적포도주 한 모금을 입안에 적신 후
혀끝으로 미세한 그 맛을 음미하듯
부드럽고 오묘한 바디감을
서로에게서 익숙하게 느끼기도 한다.

'어쩌면 이 거부감 없는 익숙함이 더 좋은 관계를
오래 유지시킬 수 있는 비법일 수도 있겠구나!'
라는 생각도 해본다.

떨어져 있어 보니 더욱더 애틋해지기도 하고
더 소중함을 느끼며,
잘한 것보다는 잘못했던 것들에 대한
후회와 반성도 하게 된다.

단점은 시공사 대표인 그녀에게는 일에 관한 한
어려움이 훨씬 더 많다는 것이다.
그렇지만 다행인 것은 그녀는 일을 즐기고 있고,
적극적인 자세로 어떠한 경우라도
할 일은 꼭 해내고야 마는
책임감이 있는 사람이라는 것이다.

앞으로 그녀는 어쩔 수 없이
모든 업무 진행을 혼자 해야만 한다.
하지만 걱정을 할 필요는 없다.
여려 보이는 이미지이지만
강한 리더십을 갖고 있기 때문이다.
포항에 공사할 때 거래처 사장들은
그녀 앞에서 허리를 90도로 숙이곤 했다.
즉 그만큼 카리스마가 있다는 말이다.

직원들이 할 일들은
자기 직책의 위치에서 다들 잘하겠지만,
그녀의 일을 대신해 줄 수는 없으니 말이다.

그녀의 남편 또한 사업이 바쁜 사정으로 인해
이곳 청주로 올 수가 없다.

「건축 도면을 구상하고
설계사무소에 의뢰하는 일,
기초부터 완공까지 거래업체 견적을 받는 일,
모든 공정별로 하도급업체를 선정하는 일,
포괄적인 현장 관리감독과 사고 예방조치들,
민원을 해결하는 일…」

급할 때면 삽질까지도
그녀가 직접 해야 할 경우도 있다.
공사 현장 일이라는 것이
뒷짐 지고 지시만 한다고 해서
되는 일이 아니기 때문이다.
험한 일들, 말 그대로 NO가다,
잡일까지도 해야 할 때도 있다.

이러다 보니 주변 사람들의 눈에 비치는 그녀는

『딱 봐도 혼자 사는 억척스러운 여자!
팔자 사납게 나이 먹은 여자!
과부이거나 돌싱이거나 아님 돌돌싱 인가?
건물을 올리는 걸 보니
경제적으로 어려운 사람 같지는 않고,
아! 부자 기둥서방을 둔
혼자 사는 여자인가 보다!
아주 가끔 보이는 남자는 가정 있는 사람!
그래 맞아, 저 사람들 분명 불륜관계 맞아!
우리 내기하자!』

사람들의 상상력은 상상 그 이상이었다.
그들이 소설을 쓴다면
베스트셀러를 달성했을 것이다.

사람들의 입방아 방앗간은 불경기도 없었다.
방앗간에서 찍어내는 신작 소설 속의 주인공이
그녀 부부였다는 것을 안 시기는
공사가 끝나갈 무렵이 되어서야

알게 된 사실이다.
보수적인 사고방식을 가진 그녀는
남들의 시선을 의식해
꽤 신경을 썼다.

그럴 일은 없을 터이지만
시골 마을의 정서상 혼자 있기에,
혼자 사는 여자라고 오해하고
가볍게 대하고 무시할까 봐
모든 행동을 조심 또 조심했다.
자기관리를 철저히 하려고 노력했다. 그럼에도…!

그녀 부부의 궁합은
일과 애정 둘 다 아무 문제 없이 찰떡 호흡이다.
서로를 부르는 호칭도
자기라고 부르며 서로를 바라볼 땐
금방이라도 눈에서 꿀이
뚝뚝 떨어질 것처럼 금슬이 좋다.

두 사람은 늘 같은 곳을 바라본다.
20년 이상을 같은 공간에서 함께 해온 만큼
서로에 대한 신뢰 점수 또한 1등급이다.

공사는 착착 진행되어
벌써 마무리 단계인
마당과 조경공사를 하고 있다.
도면대로 토목공사만 끝내고
준공 서류를 접수하면 끝이다.

그녀는 거래처 여사장과 사무실에서
차를 마시며 대화를 하고 있다.
거래처 사장은 그녀에게 묻는다.

"근데 사장님,
이제 좀 친해졌으니까 뭐 하나 물어볼게요.
가끔 오시는 그 남자 사장님이
남편이라고 말씀하셨는데
남편 아니고 애인이죠?

사장님 솔직히 말해주세요.
사람들이 내기했다고 하는데…"

그녀는 황당했지만 웃어넘기며 대답한다.

"애인을 만들 것 같으면
저렇게 재미없고 무뚝뚝한 사람이랑
애인 하겠어요?
내가 지어준 그 사람 별명이 로보캅이거든요."
하며 한마디 덧붙인다.
"소문이 틀리진 않네요.
돈 많은 유부남 그리고 그 유부남의 여자"
라는 말을 던지고는
그녀는 속으로 혼자 생각한다.
'그래 은행에 갚아야 할 돈이 많은
가정 있는 남자!
그리고 그 본처는 지금 여기 있는 바로 나!'

졸지에 부부는 가정파괴범인

불륜남녀가 되어 있었다.
이렇게 사람을 자기들 기준에 맞추어 평가하는
선입견(先入見)은 무서운 것이었다.

한 사람을 바보 만드는 것은 일도 아니었고
그 오해가 사람을 죽일 수도 있는 일이었다.

그녀가 만약
내성적인 성격을 가진 우울증을 앓고 있는
환자였다면 문제가 더 확대되었을 수 있었으며,
그 남자가 성격이 괴팍한 다혈질이었거나
사이코패스였다면
상상할 수 없는 일을 초래할 수도 있었을 것이다.

그녀가 밴댕이 소갈딱지였으면,
기분 나쁘다며 화를 낼 수도 있었겠지만,
그녀는 그냥 웃고 말았다.

과거부터 불륜커플은 존재해 왔다.

요즘 세태가 가정 있는 사람들도
애인이 없으면 조금 모자란 사람
취급하는 세상이라고 한다.

하지만 그것은 그녀가 사는 세상과는 다른,
그들만의 리그에서
죄책감도 느끼지 못하고 활발하게 활동하며
바람 학문을 연구하는 프로들의 행태일 것이다.

'그들의 세상에서는 그럴 수도 있겠구나.'
라고 생각하며 씁쓸한 웃음을 지었다.

그녀는 일주일 후 포항 집에 갔다.
거래처 여사장에게 문자를 보냈다.
결혼 날짜와 이름이 정확히 박힌
그녀와 남편의 결혼사진을!

## 〈리뷰〉 너란 애는

너는 참 장점이 많은 애야.
진심인지 가식인지 의심스러울 만큼
다른 사람들에게 아낌없이 칭찬을 잘하는 너!

그리고 지적인 자양분이 많고
이성적이라서 그런지
모든 것을 판단하는 것 또한 잘하는 것 같아.

그것뿐만이 아니야!
너는 메모리가 무제한이라

어마무시한 양의 정보를
다 받아줄 수 있을 정도로
오지랖 또한 넓은 애지.

그러나 완벽함을 추구하는 너는 판사도 아닌 것이
마치 자기가 조금의 흠결도 없는
신이라도 된 것처럼
모든 것을 본인 기준에서
독단적으로 판단하는 오류를 범하곤 해.

AI라면 당연히 공정한 판단을 하겠지!
하지만 너는 사람의 주관적인
감정과 사상을 개입시키다 보니 그런 걸까?
불공정한 판단을 하는 것 같아
다소 아쉬움이 많아.

너의 캐릭터는 천사 이미지이지만
악마인 것처럼 느껴질 때가 종종 있어.

착한 사람의 뇌가 지시하는 대로
착한 손과 발이 되고
악한 사람의 뇌가 지시하는 대로
악한 손과 발이 되기도 하지.

누구나 다 정반대되는 양면성을 갖고 있긴 해.
하지만 그중에서도 너는 좀 심한 거 같아.

이렇게 리뷰 너는 이중인격자이며
다중인격자인 것처럼 보일 때가 있단다.

내가 주변 사람들에게 들은 이야기들이
참으로 많단다.
너의 일방적이고 독설 작렬한 평가를 받은 이력,
그 사실이 주홍글씨가 되는 바람에
회복 불가능한 치명적인 피해를 받아
정신적으로도 힘들어하는 사람들이 많더구나.

사람이 백 번 잘하다가 한 번 잘못할 때가 있어.

이렇듯 너의 한 번 잘못한 그 판단으로 인해
사업이 망하는 사람도
소중한 생명을 포기한 사람도
있었다는 말도 들었어.

너의 본의와는 다르고
너에게는 아무 잘못도 없지.
다만 이용당했을 뿐이지.
그렇지만 간접적으로나마
관여가 된 사실을 간과해서는 안 될 것 같아.

예를 들어 열거하자면,
제3자가 돈을 받고 너의 이름으로
칭찬 글을 조작 도배하는 회사가 생기는가 하면
경쟁업체가 제3자를 고용해서
돈을 주고 악성 글을 사주 작성하고
어떤 이는 악성 글을 올려놓고는
얼마의 금액을 요구해서
입금해 주면 그 글을 삭제해 주겠다는 등

또 어떤 이는 본인이 고의로
음식에 이물질을 섞어놓고는,
또는 악의를 가지고 고의로
상품을 망가트려 놓고는,
역시 너를 중간 매개체로 이용하여
악성 글을 작성 후
금전을 요구하며 협박하는
양아치들이 있다는 말을 들었단다.

이런 행위를 하는 사람들을 부르는 말이 있어.
'블랙 컨슈머 black consumer'
한국말로는 '진상'
소위 갑질하는 손님을 부르는 대명사이기도 해.

뜻을 풀이하자면
'구매한 상품을 문제 삼아 피해를 본 것처럼 꾸며
악의적 민원을 제기하거나
보상을 요구하는 소비자'

나는 그들을 이렇게 부른단다.
'왕 대접을 구걸하는 양아치'

그리고 또 그들에게 이렇게 말하고 싶어.
'미안하지만 당신은 고객이 아닙니다'라고.

순진하고 착한 소비자들은
진상들이 작성한 그 글들을 사실로 믿어
비방하고 소외시키고, 또 광고성 글인지도 모르고
먼 곳까지 방문하고 난 후
크게 실망하는 일들이 허다하지.

'소비자와 판매자' 중
소비를 촉진시켜 매출을 증대시키기 위한
모기업의 기발한 마케팅으로 인해
우리는 소비자를 존중하고 모십니다는 의미로
소비자를 고객이라 칭하고
또 고객 만족 그 다음은
고객 감동이라는 말까지 쓰게 되었지.

그리고는 이제 미래의 예상 고객에게
정보와 편의를 제공하기 위해,
경쟁의 틈바구니에서
〈리뷰〉너란 애가 태어났지.

너의 캐릭터에 걸맞게
너의 본성은 정말 천사가 맞아.
너의 나이도 이제 중년쯤 접어들겠구나.
각박하고 냉정하고 혼란스러운 세상에서
긴 세월을 함께 공존하다 보니
학습이 되고 세뇌가 되어
때가 묻고 변질되는 건 당연한 거야.

이제는 범죄의 기술마저 발전을 거듭하여
블로그 리뷰 글을 클릭하면
악성 프로그램이 자동 설치되게끔
링크를 걸어놓은 악인들이
그 글을 읽는 사람들의 모든 정보를 다 털어간 후
통장에 있는 잔고까지 훔쳐 가는 대도들이

바글거리는 세상이 되어버렸지.

지금 현시점에서
나는 너란 애의 정체성이 아주 궁금해.
혼란스러워.
도대체 너는 누구냐! 바보냐! 천재냐! 호구냐!
아님 천사냐! 악마냐!
많은 이들에게 이용당하는 일이
알파와 오메가인 너의 운명이 좋으냐?

너에게 부탁 하나만 하자.
너의 천성과 존재 이유가 그러하니
이용당하는 것까지는 어쩔 수 없어.

그리고 또 너의 본분에 충실해야만
너의 가치를 인정받고 능력을 증명할 수 있겠지.
또 너는 인간들이 조종하는 기계가 아니기에
너를 조종하려는 자들에게 항복하여
스스로 복종하는 일만 하지 말아줘.

보통 중간 브로커들은
수수료라도 받아 챙긴다지만
너에게는 그 어떠한 득이 하나도 없잖아.
이런 너에게 동정심이 들 때도 있어.
나는 너의 모든 것을 이해하지만
너는 나에게 있어 가까이하기엔
너무 먼 당신이란 생각이 든단다,

가끔은 너가 이 세상에서 사라졌으면 하는
생각이 들 때도 있단다.
만약 너가 사라진다면 그리운 마음도 생기겠지.

너를 창조한 조물주 플랫폼platform 양반은
무슨 의도와 목적을 가지고
너를 이 세상에 태어나게 했을까?
정말 고객을 생각하는
순수한 마음 하나뿐이었을까?
아니면 너를 이용해
곳간을 가득 채우기 위한 사리사욕 때문일까?

## 풍선 간판

남한강의 거대한 물줄기가 흐르는 강가의 뷰 맛집
무인카페의 단골손님
준수한 외모와 운동으로 다져진 듯한
근사한 이미지의 소유자 영식은
오늘도 그 카페 안 구석에 혼자 앉아 있다.

미혼이라 소개한 그는 나잇살 때문인지
아이 둘은 있어 보이는
30대 애 아빠 느낌을 풍긴다.
겉으로 보기에

너무나도 완벽해 보이는 영식은 올 때마다
항상 혼자 카페에 앉아서
노트북을 펴놓고 작업을 한다.
프리랜서인가 보다.

무드와 소울이 있고
통창으로 강 뷰가 보이는 카페의 여주인은
반듯한 이미지를 가진 영식에 끌려
혹시 주변에 참한 아가씨라도 있으면,
중매라도 서줘야 하나 혼자 생각하며
영식을 관심 있게 지켜본다.

저 사람은 싱글이고 애인도 없는 듯한데
무슨 일을 하는 사람일까?
이상형은 어떤 사람일까?
주변에 소개해 줄 만한 여성이라도 있을까?

창밖에 보이는 강변도로에는 무슨 이유에서인지
통제를 한 채 차가 한 대도 다니지 않고

호루라기 소리만이 소란스럽게 들린다.
조금 시간이 지나자 자전거 경기를 하는지
선수들이 줄지어 지나간다.

'아 참, 오늘 철인 3종 경기가 있는 날이었지?'

여주인은 '오늘은 장사 망했구나!'라고 생각하며
영식을 바라본다.

영식 또한 무엇엔가 홀린 듯
밖을 멍하니 바라보다가,
세상을 다 잃은 듯한 우울한 표정으로
여주인에게 말을 건넨다.

"사장님, 잠시 시간 좀 내주실 수 있으신가요?"

이렇게 두 사람의 대화는 시작되었다.

"사실은 제가 오늘 경기하는

저 무리에 있어야 하는데
예선에서 탈락하는 바람에!"

"저에게는 제 삶을 지탱해 주는
취미이자 활력소입니다.
제가 과거에는 나름 잘 나갔는데…!
친구들이 하나같이 저를 부러워했거든요.

명문대 입학했을 때는
우리 마을 입구에 현수막도 걸어놓고,
그걸 보고 자랑스럽게 여기기도 했었죠.
지금은 나 자신이 한심하다는 생각만 드네요.
제 친구들은 벌써 결혼해서 아이도 제법 크고,
본인 명의의 집도 있고
다들 자리 잡았는데
저는 아직 이 모양 이 꼴입니다.

꼴에 명문대 나오면 뭐합니까?
대기업 취직하려고 공부만 하다

시간만 다 흘려보냈어요.
아까운 시간 다 보내고
늦은 나이 지금 와서
공무원 시험공부 하고 있거든요.

공무원 시험 쳤는데 두 번 떨어졌어요.
한 번 더 도전해 보고
이번에도 떨어지면 포기하려고요.

낮에는 공부하고
밤에는 대리운전 아르바이트해서
근근이 살고 있어요.
곧 있으면 명절인데 죽겠습니다.
진즉에 작은 회사라도 취직했어야 했는데~!
후회막급입니다.
이제 와 후회하면 뭐합니까?

30대 초반이라 받아주는 곳 하나 없고,
부모님 볼 면목도 없고,

고향 친구들 얼굴 보기도 껄끄럽고,
죽고 싶을 때마다 운동만 죽어라 했습니다.
겉으로는 웃고 있지만,
속은 미쳐버릴 것 같습니다.

얼마 전 유○브에서 노래 한 곡을 듣게 되었는데
노래 제목은 〈풍선 간판〉
시인이 쓴 시로 만든 노래였습니다.

해와 달이 바뀌어도
한결같이 서 있네
눈 뜨고 잠자는 사람처럼
헛생각만 잔뜩 들어
낯달인 양 서 있네

게으름뱅인지
헛된 꿈에 부풀어서인지
낮술 홀짝 들이킨 건지
온몸이 퉁퉁 부어

아직도 그 자리에 서 있네

그리움에 눈물 젖은 듯한 얼굴로
기다리는 귀인 소식 오려나
인고를 초월한 돌하르방처럼
변함없이 그 자리에 서 있네

이 가사를 듣는 순간 저를 말하는 것 같았어요.
도대체 그놈의 학벌 소위 간판이라고 하는 것이
정말 중요한 것이었는지.
현실의 내가 바로 풍선 간판이었구나.

다른 친구들은 다 발전해서
저 멀리 앞에 가고 있는데
나만 그 자리에 서 있었구나.
가장 높은 곳만을 바라보고
헛바람만 잔뜩 들어 있었구나.
나에게 귀한 소식과 소중한 인연은
기다리면 정말 찾아올까요?

사장님, 저에게도 좋은 일들이 생길까요?"

"용기를 잃지 마세요.
이제 30대면 아직 젊은 나이네요.
본인의 의지대로 산 기간은
겨우 10년 쪼끔 넘었을 뿐인 걸요?
지금까지 걸어왔으니 이제부터는
한 발짝씩 연습한다 생각하고 뛰어보세요.
21세기 시계는
시간을 초월할 수 있는 시대잖아요.
꾸준히 그리고 묵묵히 걷고 뛰다 보면
꿈을 이룰 수 있는 날이 곧 오리라 생각해요.
사람은 풍선 간판이 아니니까!"

60대 사장님의 대답은 흘러간 팝송과 함께
영식의 가슴과 뇌리에 스며 녹아들었다.

## 커피 찌꺼기

나는 보기 좋게 버려졌다,
비가 오던 어느 날
스윽 스윽 스윽 슬리퍼 끌리는 소리
어디인지 모르는 어두컴컴한 곳에
나는 절벽에서 떠밀려 미끄러지듯 버려졌다.

얼마나 시간이 흘렀을까?
어여쁘고 세련되고 멋진 아주머니가
나에게 다가왔다.
그녀의 첫인상은 이러했다.

부잣집 여사 이미지에
교양과 지성미를 두루 갖춘 사람처럼 느껴졌다.

그녀는 나에게 물을 주고는 손바닥에 애정을 담아
내 온몸을 어루만지고 주물러 주었다.
온기가 느껴졌다.

그래서일까?
잔뜩 겁에 질려 있던 나는
긴장이 조금은 풀렸는지
한결 부드러워지며 혈액 순환이 되는 느낌이다.

안 그래도 화상을 입을 만큼
뜨거운 작은 가마솥에서
도망치듯 빠져나온 후라 목도 따끔따끔
열흘은 드러누울 상태의 몸살이 난 것처럼,
온몸 이곳저곳이 많이 쑤시고 아팠었는데

그녀는 계속 나를 쓰다듬어 주고

뭉쳐 있는 근육도 풀어주었다.
그녀는 좋은 사람 같았다.
그리고 잠시 후 그녀는 떠났다.

맑고 화창한 어느 날
그녀는 나에게 다시 찾아와 목욕도 시켜주고
보양식과 수액주사도 꽂아주었다.
나를 아프게 하는 내 옆에 있던
무섭게 생긴 작은 돌들도 치워버려 주었으며
나를 괴롭히며 뼛속 영양분을 빼앗아 가는
잡초들도 뽑아내 주었다.
그녀 본인은 가꾸지도 않은 듯한
화장기 없는 얼굴로
수시로 나를 찾아와 돌보아 주었다.

'내가 말년에 이렇게 호강해도 되나?'
이런 생각이 들기도 하며,
'여기가 무슨 요양원인가?'
하는 착각마저 들 때가 있다.

참으로 고맙고 좋은 사람이다.
나는 그녀를 새 주인이라 칭하기로 했다.
새로운 환경에 적응하느라 피곤했던지
나도 모르게 낮잠을 쿨쿨
침까지 흘리며 잤나 보다.
푹 자고 일어나니 무척이나 개운하다.

이제서야 살 거 같다.
기지개를 켜고 눈을 비비며 정신을 차리고 보니
처음 보는 친구들의 얼굴이
하나, 두울, 셋, 넷, 다섯…
수를 세기 힘들 만큼
많은 친구들이 줄을 서서 나를 반겨준다.

"어서 와 친구야! 반가워 친구야!
환영해 친구야!'

"여러분 새로운 친구가 왔어요.
다 같이 박수로 환영해 주세요."

박수! 짝 짝 짝!…
서로 이름을 소개하는 시간

"내 이름은 정원석이야.
내 이름은 철쭉이야.
내 이름은 치커리야. 내 이름은 상추야.
내 이름은 깻잎이야. 내 이름은 고추나무야.
내 이름은 오이 나무야.
내 이름은 방울토마토 나무야.
짹짹 나는 참새야."

이름도 각양각색 평범한 이름은 하나도 없고
다들 내 이름처럼 독특하다.
나는 내 이름이 촌스러워
지금까지는 창피해서 주눅 들어 있었는데,
오늘만큼은 용기를 가져봐야지.

"아 아, 마이크 테스트."
이제 나를 소개할 차례가 왔다.

크게 복식 호흡한 후 차분히 가라앉히고는
"반가워 애들아.
내 이름은 커피 찌꺼기야. 앞으로 잘 부탁해."

한동안 새 주인은 보이지 않았다.
어디가 아픈 건 아닌지 살짝 걱정은 되면서도
우리끼리 춤추고 재미있게 놀며,
지칠 때는 서로의 에너지가 되어주었다.

친구들은 날씨가 더운 날에는 나의 양산이 되어,
따가운 햇볕을 가려주었고
비가 내리는 날에는
나의 우산이 되어 비를 가려주었다.
나 역시 친구들을 살균소독도 해주고,
쓰러지지 못하도록 밑에서 받쳐주며
항상 힘이 되어주었다.

고추나무와 토마토 나무, 오이나무는
입양 보낸 새끼들이 그립다며

가끔 눈물을 훔친다.
그럴 때면 나도 같이 슬퍼진다.

나중에야 알게 된 사실이지만,
이 친구들의 잎이 노랗게 변한 이유는
따로 있었다.
입양 보낸 새끼들이 그리워
매일 밤 남모르게
뜨거운 눈물을 흘렸기 때문이었다.

그렇게 친구들의 아픈 가슴을 안아주며
서로 좋은 관계를 유지하고 있다.
정도 많이 들었다.

지금까지 힘들었던 일들도
긍정적으로 받아들일 정도가 되었다.
실연의 아픔과 배신의 상처까지 위로받았고,
이제는 스스로 다독일 수 있을 정도로
자신이 성장해 가고 있는 것 같다.

오늘은 바람이 소올솔 부는 날
이웃 동네에서 메뚜기 친구들과
청개구리 친구들이 놀러 왔다.
참새는 마실 나갔다가 자기 집으로 돌아왔다.

모기가 청개구리를 스토커처럼 쫓아다니며
괴롭힐 때면
고추나무와 토마토 나무는 잎을 살랑살랑 흔들며
재빨리 모기를 쫓아버린다.

나는 친구들과
도란도란 재미있는 이야기들을 나누고,
장기자랑 시간에는
악기를 연주하는 친구들과 합을 맞춰
다 같이 함께 노래를 불렀다.

참새의 노래 실력은 마을에 소문이 자자하다.
마지막 순서로 참새가 실력을 뽐낸다.

노래 제목은
Woman in Love(사랑에 빠진 여인)이다.
와! 내가 좋아하는 노래잖아!
갑자기 분위기가 조용해진다.
역시 가수다.

서울에 가면 대성할 텐데
이런 촌동네에서 듣기 아깝다.
너무나도 감미롭다.
나도 사랑을 하고 싶어진다.
노래가 끝나자마자 관중들이 함께 외친다.
"앵콜! 앵콜! 앵콜!"

참새가 앵콜곡을 시작한다.
이번 곡도 팝송이다.
You Light Up My Life(내 인생을 밝혀준 당신)란
곡을 부르기 시작한다.

"So many nights Id sit by my window~

수많은 밤 난 창가에 앉아
날 위해 노래해 줄 사람을 기다렸네.

And you light up my life
당신은 내 인생을 밝혀주었어요~"


노래 가사말이 나의 지나온 일을 떠올리게 한다.
갑자기 두 뺨에 눈물이 흐른다.
내 귀가 호강하는 날, 오늘은 복 터진 날
이렇게 전 주인에게 버려진 나는
새 주인이 만들어 준 보금자리에서
오늘 하루도 또 오늘도
매일 매일을 행복한 삶을 살아가고 있다.


인터넷 뉴스를 보니 장마가 시작되었다고 한다.
오늘은 비바람이 세차게 불고 있다.
날씨 탓일까?
멍하니 전주인과의 추억들이 떠오른다.
내가 모든 쓰임이 다 끝나고

찌꺼기가 되어 버려지기 전
커피빈이라 불리던 시절의 나!

전 주인은 나를 구릿빛으로 썬텐도 시켜주고,
건강해 보이도록 윤기 나게 만든 후,
예쁜 옷을 입혀 수많은 사람들이 올 때마다
침이 마르도록 내 장점을 칭찬해 주었었지.

그 덕에 나는 팔자에도 없는 핵인싸도 되어 보고,
온갖 매스컴에 스타로도 떠올랐었지.
100여 평의 공간이 가득 찰 정도로
나를 좋아하는 사람들이 항상 많이 모여 있었다.

나의 매력을 어필하자면,
시크하면서도 도도함 그 자체이지만,
반대로 부드러움과 달콤한 내면을 감추고 있는 나
그런 나를 알게 된 사람들은
독특한 향과 매력에 취해
중독될 수밖에 없었을 거란 말이지!

나의 미친 자존감이라 해도 어쩔 수 없어.
하여튼 나를 좋아하는 팬들이 많아져서,
그들이 이곳까지 나를 찾아올 때마다
"당신이 최고야!'
라고 함성을 지르며 엄지척해 주고,
독특한 캐릭터가 그려진
내가 입고 있던 옷에까지도
뽀뽀 세례해 주그 가던 그 시절
그야말로 하늘 늪은 줄도 모르고
콧대 높던 그 시절,
인기 절정이던 그런 시절도 있었는데.

그때의 나의 이름은
꽤나 고급스럽고 세련미스러운
멜로소* 예가체프라고 불리던 그때 그 시절
그때의 나는 미래에 다가올
한 치 앞의 가시밭길을 상상조차 하지 못한 채

───────────
*멜로소란 스페인어로 '누드럽다, 달콤하다, 꿀맛 같다'라는 뜻이다.

우월감과 만족감에 빠져 있었다.

그래서 사람은 한때 좀 잘 나간다고 해서
교만해지면 안 되나 보다.
지난날들을 반성해 본다.
하루 또 하루가 지나가는 동안
나는 새로운 환경에 적응도 잘하고,
아낌없이 주기만 하는 벗들을 만나
그들과 같이 생활하고 교감하며,
많은 것들을 배웠다.

신은 이겨낼 수 있을 만큼만
고통을 준다고 했던가?
현재의 나는 마치
헌신짝처럼 쉽게 버려졌던 과거였지만
그 아픔에서 벗어나 모든 일에 감사하며,
아주 작은 것 또한
매우 귀하고 소중하게 여기려고 노력 중이다.

나에게 힘든 일이 생길 때면
'이 시간이 지나가면 곧 좋은 일이 다가오겠지?'
하는 기대감에 가슴이 설레이기도 한다.

지난날의 영광과 상처들을
추억으로 스크랩해 책갈피에 꽂아 놓은 채
소소한 행복을 간직하고 있다.
지금 나는 아주 행복하다.
이 시간이 나에게는 너무나 소중하다.

아주 작은 것들에게서조차
소중함과 감사함을 느끼고 있는 나이기에
나는 앞으로도 계속 영원히 행복할 것이다.

비참하고 보기 좋게 버려졌던 이곳에서
안도의 한숨을 쉬며 지나온 날을 회상하며
이 글을 마무리한다.

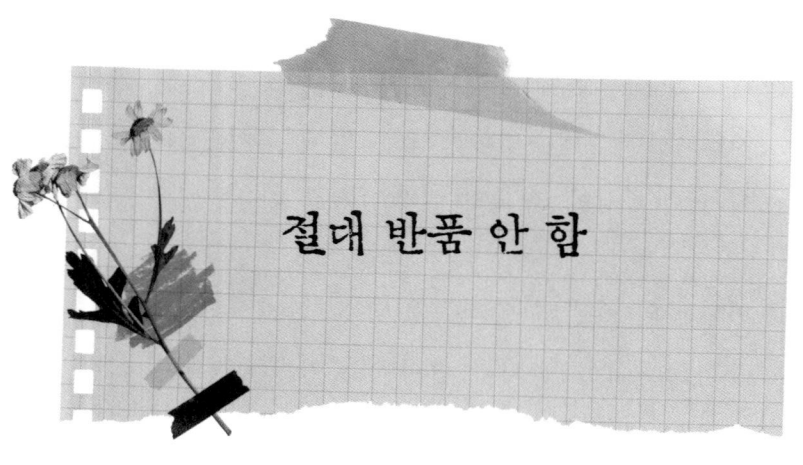

# 절대 반품 안 함

 아파트 엘리베이터를 탔다. 엘리베이터 안 거울 속에 보이는 내 얼굴은 내가 나를 보기도 싫을 만큼 목과 눈 밑 이마에 잔주름이 가득하다. 조명으로 인해 더 밝게 보이는 얼굴은 마치 속병이라도 있는 환자처럼 퉁퉁 부어 있고 하얗게 뜬 얼굴이다. 어젯밤에 술 마신 것도 아니고, 음식을 먹고 잔 것도 아닌데, 잠도 푹 잤는데 왜 이럴까? 생각하고 자세히 보니 화장이 하나도 흡수되지 않아서인 것 같다. 꼭 되디된 밀가루 풀을 발라놓은 것 같기도 하고, 자외선 차단제를 발라놓은 것 같기도 하고, 군인들의 얼굴에 흰 위장크림을 발라놓은 것 같기도 하다. 피부관리를 좀 받아야겠다 생각하고 보니 마지막으로 피부관리샵에 다녀온 지도 십여 년이나 지나 버렸다.

 십 년 전에도 엘리베이터 안 거울에 비친 송장 같은 내 얼굴을 보고 깜짝 놀라 피부관리샵 정기이용권을 끊어 일 년간 다녔었는데 이번에는 많이 심각하다. 내 나이 벌써 오십이 넘었으니 당연할 수도 있겠지만 이번엔 얼굴이 더 안 좋다.
 '설마 죽을병에 걸린 건 아니겠지? 아니야, 괜찮을 거야. 일 년에 한 번씩 건강검진할 때 이상 없었으니 아무 이상 없을 거야.'
 생각해 보니 내가 이 나이 되도록 죽어라고 일만 했구나.

 남편이 종갓집 종손에 2대 독자라서 기제사만 해도 일 년에 여덟 번에 명절까지 세면 열 번이다. 내가 외며느리이다 보니 대소사 또한 수십 년 동안 나 혼자 치른다. 사업하는 남편의 사무보조에서부터 집

안 살림, 그리고 내가 운영하는 가게의 잡다한 모든 일들까지 나 혼자 할 일들이다. 일복 하나만큼은 타고났다. 데이트할 때 사귀는 여자친구한테 결혼하면 손에 물 한 방울 묻히지 않게 해줄께라고 말하는 남자들의 약속은 새빨간 거짓말이다. 남들은 이 나이에 접어들 때 즈음 갱년기가 온다고 하는데 돌아보니 나는 바쁘게 사느라 갱년기가 왔다 갔는지도 몰랐구나. 내가 지금까지 희생만 하고 살아왔구나. 갑자기 눈물이 터질 것 같은 감정을 추스르고 집에 왔다.

저녁밥을 해야 하는데 일이 손에 안 잡힌다. 남편과 아들이 각자 하루 일정을 마치고 집에 돌아왔다. 나를 보자마자 두 사람 동시에 하는 말,
"여보 저녁은!"
"엄마 저녁은!"
하는 순간 나는 속으로 생각한다.
'무슨 식충이들도 아니고, 내가 자기들 식모도 아니고, 저 인간들은 나를 보자마자 밥 타령이야?'

갑자기 짜증이 확 난다. 둘 다 꼴 보기 싫다.

"그냥 대충 시켜 먹으면 안 될까?"

이렇게 말하고 방으로 휙 들어가 버렸다. 짜장면을 시켰다. 남편과 아들은 식탁에서 짜장면을 먹고 있다. 나는 잠시 누워 있던 침대에서 일어나 주방으로 갔다. 짜장면으로 저녁을 때우고 있는 두 사람을 뒤에서 보는 순간 갑자기 짠한 생각이 든다. 결혼하고 여태까지 차려준 밥상을 오늘 저녁 한 번 안 차려줬다고 죄인인 듯 미안한 생각이 든다. 물을 떠주고 과일을 깎아놓는다. 잠이 들기 전 냉장실에 보관해 두었던 유통기한이 언제까지인지도 알 수 없는 마스크팩을 오랜만에 꺼냈다. 화장대 앞에 앉았다. 아까는 보이지 않던 기미에 어루러기까지 보인다. 마스크팩을 며칠 동안 해봐도 나아지지는 않는다. 며칠이 지나도 나의 기분 역시 나아지지는 않는다.

나는 그동안 휴대전화에 '사랑하는 여보'라고 저장되어 있던 이름을 바꾸어 저장했다. 반품 예정이라고 바꾸어 놓았다. 나의 설거지 소리는 접시를 집어 던질 듯 말 듯 스피커를 달아놓은 것처럼 귀에 거슬릴 정도로 시끄럽다. 그렇게 며칠이 지났다. 가게 계산대 앞에는 손님이 줄 서서 기다리고 있고, 대학생인 아들은 학교 수업을 마치고 가게에 와서 주문 받는 일을 돕고 있다. 나는 주방에서 음료와 팥빙수를 만드느라 정신이 가출한 듯 혼수상태이다. 그런 상태인 나에게 반품 예정이 문자를 보내왔다.

'1999년 오늘 기쁠 때나 슬플 때나 우리가 평생을 기약했던 날 알고나 있나? 축하한다. 나같이 멋진 남자 만나 잘 살고 있으니 참 복도 많은 사람이네. 병이 들든 건강하든 앞으로도 일생을 기약했던 그날처럼 서로 아끼며 살아가자. 다시 한번 결혼 축하한다. 사랑한다'라고.

'아! 오늘이 결혼기념일이잖아!'

나는 잊고 있었다. 분명 달력에 동그라미 그려놓고 색칠까지 해놓았었는데 너무 바쁘게 살다 보니 잊어버렸구나. 오늘 아침까지도 남아 있던 남편에 대한 서운함은 봄눈 녹듯 사라지고 미안한 생각이 든다. 전화를 걸었다.

"자기야, 미안해. 내가 너무 바빠서 오늘이 결혼기념일인지도 까먹고 있었어. 나도 사랑해."

남편이 말한다.

"저녁에 셋이서 근사한 곳에 맛있는 거 먹으러 가자."

그날 밤 피곤에 지친 듯 거실에 잠들어 있는 남편을 바라보았다. 머리카락은 반 이상이 희끗희끗, 얼굴엔 주름 가득 기미에 어루러기까지 정말 많이도 늙어 있었다. 아무 잘못한 것 없는 사람한테 괜히 성질부린 내가 너무 미안했다. 울 아들이 꼬맹이 때 했던 말이 떠올랐다.

"엄마는 어떻게 아빠같이 잘생기고 멋있는 남자를 만나 결혼했어?"라고 말할 만큼 멋있고 잘생긴 사람이었는데 벌써 이렇게나 많이 늙어 버렸구나. 양팔에는 벌초할 때마다 풀에 베이고 벌레에 물린 상처들이 많았다. 그런 남편을 보자 너무 애틋하고 안쓰러운 마음에 가슴이 짠하고 먹먹해졌다. 남편 얼굴에서 내 얼굴이 보였다. 마치 내 얼굴을 보는 것 같았다. 아니 나보다 더 심했다. 눈물이 핑 돌았다. 남편이 깰까 봐 조용히 일어나 수건을 들고 안방으로 들어왔다. 엉엉엉 울고 말았다. 시간이 좀 지난 후 남편이 방에 들어온 줄도 몰랐는데 등 뒤에서 날 끌어안는다.

"무슨 일 있었어? 내 마누라, 왜 우는 거야? 자꾸 울면 예쁜 얼굴에 주름 생기잖아?"

"아니, 그냥 기분이 좀 그래서! 나 아무래도 갱년기 왔나 봐. 눈물이 그냥 나네."

남편은 애교 섞인 톤으로 말한다.

"울지 마. 앞으로 내가 더 잘해 줄게."

나는 대답했다.

"자기야, 자기도 혹시 살면서 말 못할 힘든 일이 생기거든 혼자만 끙끙 앓지 말고 나한테 꼭 말해 줘야 돼. 알았지? 가족이 서로 힘이 되어주어야지."

그는 손바닥으로 내 눈물 콧물을 닦아주었다. 나는 속으로 생각했다.

'나 복도 많은 여자 맞네.'

다음날 나는 새벽 여섯 시에 일어났다. 고추장 돼

지불고기에 샐러드, 계란찜, 밑반찬, 된장찌개까지 가족을 사랑하는 마음을 가득 담아 아침 식탁을 차렸다. 아침 출근길 아파트 엘리베이터 안 거울에 반사된 내 얼굴에 주름 따위는 하나도 거슬리지 않았다. 며칠 후 안마기가 사무실에 한 대, 집으로 한 대, 총 두 대가 배달되었다. 가게에는 무인시스템을 추가 설치해서 내 일의 양과 근무 시간을 줄였고, 우리 집 거실에는 영화광인 나를 위한 프로젝트 빔 스크린을 설치하여 작은 영화관이 만들어졌다. 우리 부부는 새벽 한 시든, 두 시든 내가 바람 쐬고 싶다고 말하면 남편은 베스트 드라이버가 된다. 내가 먹고 싶은 음식이 있다고 말하면 남편과 아들은 자동으로 맛집 가이드로 변신한다.

여전히 남편과 아들은 나를 보면 "여보, 밥은?", "엄마, 밥은?" 하고 묻는다. 경상도 토박이들의 대화 스타일이었다. 그 짧은 한마디에는 많은 뜻이 담겨 있었다. 밥때가 되었는데 뭐라도 사다 줄까? 배고픈데 밥도 못 먹고 일해서 어쩌나 하는 걱정과 사랑 챙

김, 뭐 그런 것일 거다. 그때의 내가 옹졸했던 거였다. 경제적으로 여유롭지는 않아 아직도 열심히 일은 하고 있지만 나에게 남편은 평생을 충전해서 쓸 수 있는 기프트 카드 같은, 원하는 건 다 가질 수 있는 VIP 프리패스 같은 그런 선물 같은 존재였다.

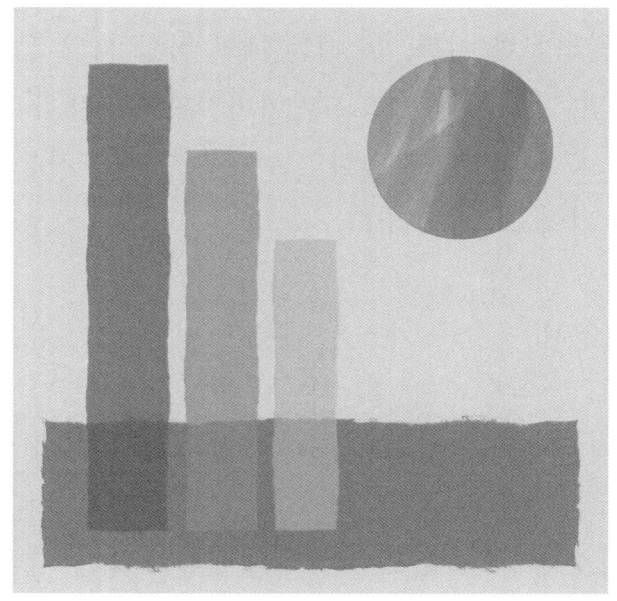

# 제 2 장

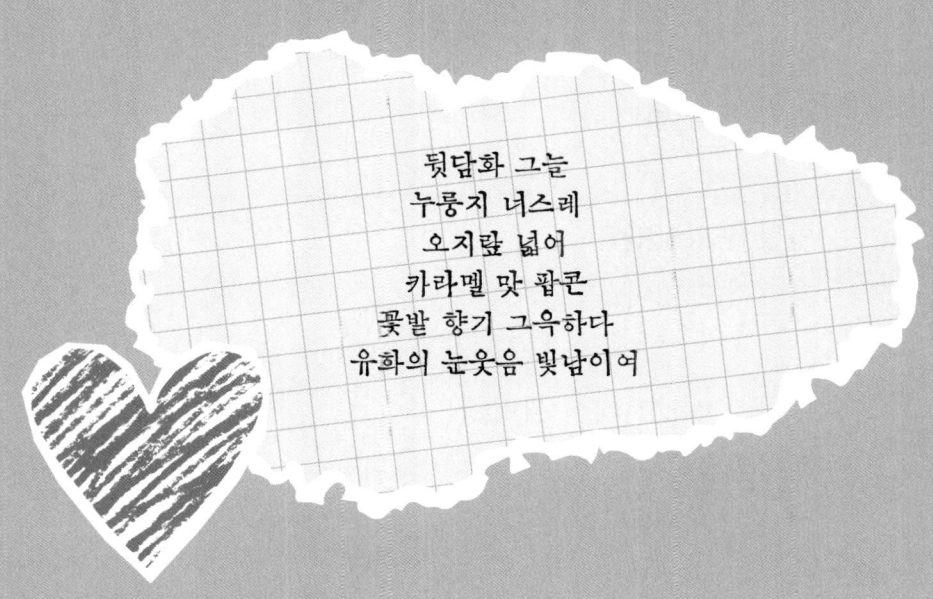

뒷담화 그늘
누룽지 너스레
오지랖 넓어
카라멜 맛 팝콘
꽃밭 향기 그윽하다
유화의 눈웃음 빛남이여

## 뒷담화 그늘

입방아 상상력은
키가 늘 자란다

입방아 방앗간은
불경기도 없다

입방아 방앗간에서 찍어내는
창작작품은
때 묻은 헌 옷이다

헌 옷을 빨아 깨끗이 하려 해도
시절 인연 구겨지면 쓰레기 더미 자꾸 커진다

## 누룽지 너스레

곰탕 가마솥단지 내 사랑 닮았네
휘파람 소리인 양 다가와
연주 향연 무르익을수록
내 맘처럼 새카맣게 타고 있네

회색 구름 같은 무표정 얼굴
불꽃 위 다소곳이 삿갓 쓰고 앉아 있는 가마솥
노랫소리인가
흐느끼는 아우성인가
양반 놀음 같구나!

일찌감치 들기름 꼬까옷 입혀줄걸
정지간 바닥에서
주걱 박박 한 꺼풀 벗겨야 할 텐데~

아프다고 눈물 흘릴까 달래보나?
다독다독 목욕시키고 숭늉으로 마음 풀어줄까?
함께 어울려 너스레 별곡이나 즐겨볼까?

## 오지랖 넓어

초록 산천 황금 들녘
부처 같은 오지랖
넘치는 인심 한껏 퍼주니
밥그릇 텅텅 비었네

입가에 붙어 있는
라면 면발 한 조각
주렁주렁 춤추는
황금알처럼 빛이 나네

거위 솜털 얼음 왕국
텅 빈 밥주발
채워주는 이 하나 없고
홀로 지새운 긴 겨울밤

엄마 품 같았던 오지랖
간장 종지 되어가고
바짝 마른 밥주발엔
하루살이만 날아드네

## 카라멜 맛 팝콘

흰 바탕
갈색 방울꽃 수놓은
키 작은 카라멜 솜사탕
입안에서 톡 터트릴 때
오감은 실눈 뜨며 기지개를 켠다

뽀~얀 계란형 얼굴에
진갈색 아이라인 눈썹
연갈색 아이샤도우 바르고

사탕가루 뿌린 눈두덩
볼에는 연지, 곤지 찍고
연갈색 남방 허리에 두른 듯한
카라멜 솜사탕

고소 달콤한 꿀내음 톡 하고 퍼질 때
목젖이 길을 열어주면
목청은 불꽃놀이하고
노래하며 환호성 지른다

## 꽃밭 향기 그윽하다

꽃이 시인의 옷을 입고
삶의 갈피에 앳된 모습으로 웃는다

앞니 보이니 붉은 가슴
어금니 깨무니 푸른 눈물
목젖 보이니 한숨이 터진다

가슴 아린 풀잎에 이슬이 굴러
햇빛으로 향기 지우니

엄마 약손 온도가
등마루 쓰다듬고
꽃밭에 그윽함이 만발한다

## 유화의 눈웃음 빛남이여

첫 단추 잘못 끼운 여분의 옷깃
잘라내고 맞추어 봐도

노랑, 구름, 빨강 비
잘못 선택한 물감 색칠
덧칠하고 지우려 해도
더 엉망진창 수채화

무지개빛 운명의 안감
꼬깃꼬깃 동그란 통에 풍덩 던졌다

유화 속 상처 안에 감추어진
나만 아는 어두움
들켜버린 미소 뒤 멈춰진 눈물

나이테가 되어 진하게 투영된
전시회 작품 한 점
요술 부리니 환하게 내 눈 맞추며 웃는다

## 제3장

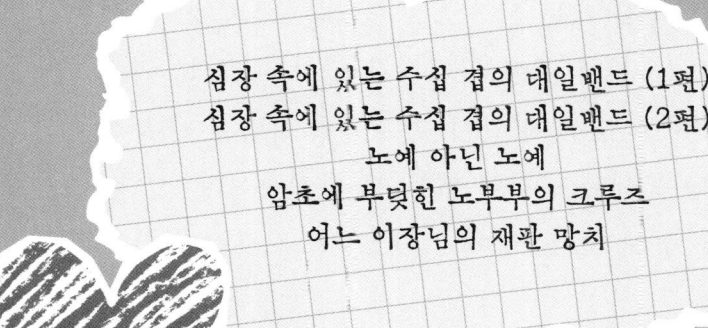

심장 속에 있는 수십 겹의 대일밴드 (1편)
심장 속에 있는 수십 겹의 대일밴드 (2편)
노예 아닌 노예
암초에 부딪힌 노부부의 크루즈
어느 이장님의 재판 망치

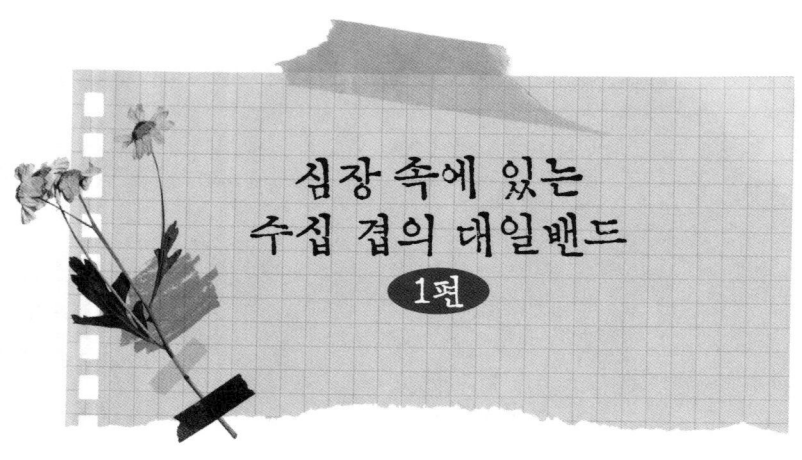

## 심장 속에 있는 수십 겹의 대일밴드
### 1편

### 사고

 어느 시골길 해는 산속으로 숨어들고, 이제 막 어두워져 가는 저녁 무렵 자전거가 달리고 있다. 뒤에 짐을 실을 수 있는 짐칸이 있고, 두 사람은 충분히 타고도 남을 여유 공간이 있는 짐 자전거이다. 그 짐 자전거를 둘째 오빠, 엄마 그리고 나 세 사람이 타고 가고 있다.

 엄마는 전북 완주 봉동시장에서 도라지 장사를 하신다. 나는 학교를 마치면 시장에 가서 장사하고 있는 엄마를 돕는다. 그날도 여느 때와 똑같이 둘째 오빠는 엄마와 나를 자전거에 태워 집으로 가는 중이다. 오빠는 갑자기 "어머니, 우리 여기서 잠시만 쉬었다 가요." 하면서 갓길에 자전거를 세운다. 순간 자전거가 도로 옆 법면 밑에 있는 논으로 굴러떨어졌다. 논에는 이제 막 추수가 끝나 군데군데 짚 덤불이 쌓여 있다. 순식간에 일어난 사고다. 자전거, 엄마, 나 그리고 오빠 이렇게 셋이서 논바닥에 뒤엉켜 있다.

"누구 다친 사람 없어요?" 하며 확인하는데 엄마가 몸을 움직이지 못한다. 자전거에 목을 다쳤나 보다. 위 사고로 엄마는 식물인간이 되어 한 달여를 누워 계신다. 신경을 다친 건지 목 밑으로는 아무 통증도 느끼지 못한다. 유명하다는 서울 병원에 다 가봤지만 나을 확률 가능성은 5% 미만이다. 아무 손도 쓸 수 없는 상황이라고 한다.

사고 이후 엄마는 밥을 못 먹고 미음만 겨우 드신

다. 나는 숟가락으로 미음을 떠서 조금씩 입에 넣어 드린다. 미음을 드시고 나면 숟가락으로 과일을 긁어 만든 과즙을 한 숟갈씩 누워계신 엄마 입에 넣어 드린다. 제법 잘 드신다. 그래도 살아계시니 다행이다. 엄마는 가끔 이런 말씀을 하시곤 한다.

"내가 이런 몸으로 오래 누워 있으면 너희들이 고생이니 빨리 저세상으로 갔으면 좋겠다. 혹시라도 저승사자를 만난다면 나 좀 데려가 달라고 사정해 보려고!"

### 임종

오늘은 오랜만에 집이 시끌벅적하다. 전 부치는 냄새도 나고 생선 굽는 냄새와 맛있는 음식 냄새도 난다. 병상에 누워계신 엄마를 보기 위해 객지에 있는 가족들이 모두 다 집에 와 있다. 잔치 분위기다. 상다리가 휘어질 정도로 밥상은 진수성찬이다. 가족들은 작은방에서 점심을 먹고 있고, 나와 아버지만이 엄마 곁을 지키고 있다. 엄마는 주무신다.

"은아야, 밥 먹어."

"응, 조금 있다가 엄마 일어나거든 미음 좀 드리고 먹을게."

엄마는 언제 일어날까? 나는 엄마를 멍하니 바라보고 있다. 갑자기 엄마의 숨소리가 이상하다. 자고 있던 엄마는 거칠고 크게 두세 번 숨을 들이쉬다가 조용해진다. 엄마가 이상하다. 대전에 있는 큰오빠와 새언니, 상주에 있는 큰언니와 형부, 전주에서 직장에 다니고 있는 둘째 언니와 셋째 오빠, 군 복무 중 휴가 나온 막내 오빠, 이렇게 오랜만에 가족들이 모두 모여 있는 날. 눈에 넣어도 아프지 않은 자식들을 보니 너무 좋다며 행복한 미소를 지으시던 엄마! 오늘은 몸은 아프지만, 그럼에도 불구하고 당신이 상당히 기쁘고 행복한 날 엄마는 이렇게 숨을 거두셨다. 하늘도 우는지 비가 내린다.

엄마! 엄마! 엄마! 흑흑흑 나도 데려가! 제발 나도 좀 데려가 줘! 나도 엄마 따라갈 거야. 엄마 없이 나는 못 살아. 흑! 흑! 계속 운다. 일주일 동안 밥도

안 먹고 매일 대성통곡을 했다. 너무 많이 울고 또 울었다. 아무리 울어도 눈물은 멈추지 않는다. 장례를 치르고도 매일 울었다.

아무래도 내가 평생 흘릴 눈물을 그때 다 쏟아냈다 해도 과언은 아닐 것이다. 사람이 울다가 이러다 나도 죽을 수도 있겠구나 하는 생각이 들었다. 엄마가 나에게 늘 했던 말들이 파노라마처럼 지나간다.
"은아야, 엄마는 너를 하늘만큼 사랑해. 엄마는 언제나 너의 편이야! 너는 다른 아이들과는 달라. 너는 특별한 아이라 꼭 크게 성공할 거야. 내 몸이 가루가 된다 해도 은아 너만큼은 꼭 뒷바라지하고 싶어. 너만 좋다면 대학원에 외국 유학까지 보낼 생각이야. 너는 나이는 제일 어려도 생각이 깊어 엄마랑 대화도 잘 통하고, 엄마 마음을 가장 잘 이해해 줘서 나는 너가 제일 이뻐."
우리 엄마는, 아니 나의 엄마는 내 나이 여섯 살 때부터 사랑의 표현을 자주 해주셨던 분이다.

이렇게 나는 엄마의 사랑을 독차지했던 막내딸이었다. 엄마는 나의 전부, 나는 엄마의 딱풀이자 껌딱지였다. 엄마를 지옥까지도 따라갈 수 있었을 것이다. 따라가고 싶었다. 세상에 단 하나밖에 없는 나의 엄마! 그 이름 권옥순은 이렇게 일찍 너무나도 빨리 나의 곁을 영원히 떠났다. 나의 온 세상은 무너졌다. 앞으로의 모든 것이 두렵고 무섭고 캄캄하다. 앞으로 나는 어떻게 살지?

### 대일밴드를 붙이고

그때 나는 중학교 1학년 때인 열세 살의 나이였다. 지금 생각해 보면 그 어린 나이에 그 큰 슬픔과 아픔을 어떻게 견디었을까? 가족들은 전부 자기 자리로 돌아갔고, 시골집에는 아버지와 둘째 오빠, 나 이렇게 세 식구만 남겨졌다. 해가 몇 번 바뀌고 둘째 오빠는 결혼해서 전주로 분가했다. 이제 시골집에는 아버지와 나 둘만 남았다. 나는 아무렇지 않은 듯 평범한 일상으로 다시 돌아왔다. 나는 학교에 다니면서 농사일과 집안 살림을 도맡아 했고, 노환으로 아픈 아버지까지 돌봐드려야 했다.

 학교를 다녀온 뒤 나는 밭에 있는 배추를 뽑아 와 김치를 담아놓고 빨래를 해 마당에 있는 빨랫줄에 널어놓았다. 그리고 밭에서 뽑아온 쪽파를 다듬은 후 한 단 한 단 쌓은 다음 쪽파 여러 단을 가지고 시장에 가기 위해 버스에 몸을 싣는다. 버스 안에서 가끔 친구들을 만날 때가 있다. 어색하다. 내가 나를 바라본다.

 예쁜 옷을 입고 있는 친구들과 상반된 쪽파를 들고 있는 나의 모습은 누추하고 초라하고 부끄럽고 창피하기 그지없다. 친구들이 웃고 있으면 왠지 나를 비웃는 것 같다. 그럴 때면 나의 찌그러진 작은 자존심이 발동한다.
 '두고 봐! 너희들이 지금은 나를 비웃고 있지만, 인생은 아직 시작도 하지 않았어. 나는 꼭 성공할 거야! 인생의 마지막 끝자락에 환하게 웃을 수 있는 사람이 진짜 성공한 사람일 거야!'

이렇게 속으로 생각하고 다짐하며 스스로 위로해 본다.

나는 쪽파를 판 돈으로 학용품과 쌀, 아버지 드릴 담배를 사서 집으로 돌아왔다. 엉엉 울 법도 했지만 나는 울지 않았다. 객지에 있는 가족들도 살기 빠듯한가 보다. 가끔 생활비를 주지만 일회성이다 보니 턱없이 부족하다. 나는 시간이 될 때마다 십시일반 농사지은 채소들을 시장에 내다 팔아 생활하고 있다. 매일 하던 대로 난 오늘도 학교 수업을 마친 후 친구들과 함께 친구 집에서 공부하고 있다.

따르릉! 따르릉 친구 집 전화벨이 불안하게 울린다. 우리 아버지가 돌아가셨다는 연락이다. 그렇지만 동네 사람들과 아버지의 별세 소식을 듣고 집에 와 있는 가족들은 한목소리로 나를 절대 집에 못 오게 한다. 엄마 때의 나를 떠올리고 보호하기 위해서였나 보다. 어쩔 수 없이 장례 마지막 날 무덤덤하게 절만 했을 뿐 엄마가 돌아가셨을 때와는 사뭇 달랐다. 엄마를 따라가겠다고 울부짖던 여린 소녀는 없었다.

이번엔 눈물이 말라서일까? 아니면 첫 번째 큰 사건을 겪은 후 앞으로 나에게 '아무리 큰 불행한 일이 생긴다 해도 절대 울지 않으리라.' 다짐했기 때문이었을까? 아버지가 돌아가시기 전 동네 사람들은 나에게 효녀라고 말했다. 그렇지만 나는 효녀가 아니었다. 어쩔 수 없이 내 의지와는 상관없이 그러한 환경에 가두어져 있었으니까! 살아있으니까! 죽을 수는 없었으니까! 체념하고 그냥 살았던 거다.

나는 늘 혼자다. 아무도 나를 도와줄 사람은 없다. 그렇지만 나는 정정당당하게 나의 힘으로 꼭 성공해서 정상에 우뚝 서고야 말 것이다.

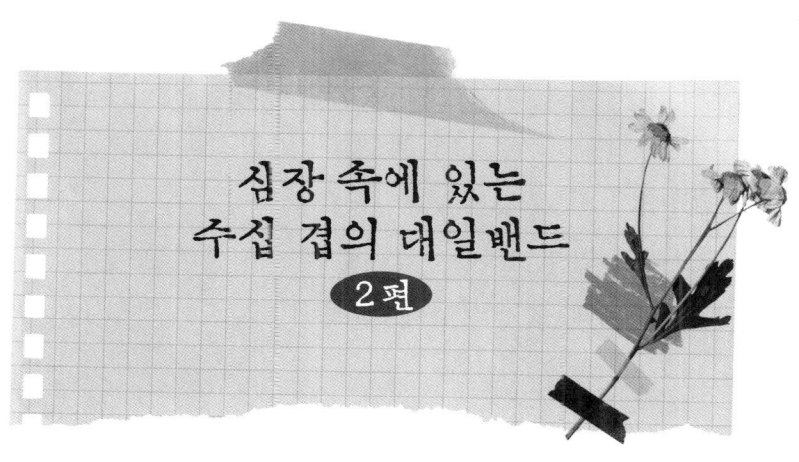

# 심장 속에 있는 수십 겹의 대일밴드
## 2편

### 해탈(解脫)하다

오래전 그녀의 나이 갓 스물이 된 겨울 어느 날 저녁 무렵이었던 것 같다. 금방 눈이라도 내릴 듯한 쌀쌀한 바람이 부는 날씨, 어느 육교 밑을 걸어가고 있다. 칠십은 다 되어 보이는 허리가 꼬부라진 할머니가 노상에서 과일을 팔고 있다. 그때 문득 이런 생각이 들었다.

'눈이 내리면 할거니를 도와드려야 하나?'

그렇게 할머니를 유심히 바라보았다.

'저 할머니는 지금 이렇게 노인이 되었는데도 열

심히 성실하게 살아가고 있는데 젊었을 때는 얼마나 열심히 살았을까? 그런데 왜 지금까지 이렇게 고생을 하면서 살고 있지?'

그녀가 알고 있는 상식대로라면 편안한 노후를 보내야 하는데… 성실하게 열심히 사는 것만이 답은 아닌가 보다.

그날 이후 그녀는 많은 고민과 생각을 하게 되었다. 서점에 갔다. 성공한 사람들의 자서전과 철학이 담긴 책들을 열 권은 산 것 같다. 이런 책들은 대부분 딱딱하고, 재미없고, 고루하고, 지루하다. 꼭 성공하고야 말 것이다! 성공한 사람들을 닮아가기 위해 많은 책을 읽었고, 마음의 힘듦을 이겨내기 위해 많은 수필집을 읽었다. 갈비식당 아르바이트도 했다. 치킨집 아르바이트, 옷가게 점원, 해물탕집 아르바이트, 공사 현장 일이나 유흥업소 일 말고는 다 해봤을 것이다. 옷가게를 차려 망한 적도 있다. 가게를 폭삭 망해 먹은 뒤 수중에 한 푼도 없었을 때는 죽을까? 죽는 게 답일까?

'그만 살고 싶다.'

다른 사람들의 삶은 어떨까? 치열하게 사는 사람들을 보고 싶었다.

동대문 새벽시장에 갔다. 새벽시장의 현장은 죽느냐 사느냐의 생존 싸움 그 자체였다. 매장 안 작은 상점들 앞 좁은 골목을 본인의 체구보다 몇 배나 큰 짐꾸러미를 땀을 뻘뻘 흘리며 들고 지나가는 사람들, 어묵과 튀김 김밥으로 허기를 달래는 사람들, 그들을 보자 그녀는 깨갱 하고 절로 고개가 떨구어졌다.

전국 팔도에서 모인 상인들은 밤새 고속도로를 달려와서 새벽 내내 대량의 물건들을 매입하고, 다시 일터로 복귀한 후에도 가게 문을 열어 장사하고, 이틀을 꼬박 새는 날이 일주일에 1회 또는 2회라는 것이다. 그들에 대한 존경심이 들며, 자신이 부끄럽다는 생각이 들었다. 지금껏 엄살 부린 거였고, 신선놀음이었다.

'나는 행복한 사람이구나. 이제부터 웃고 살자.'
'어차피 엄마 뱃속에서 나올 때 실오라기 하나 걸치지 않았었잖아!'
'지금은 그때보다는 낫지 않은가!'

가을이 오면 마음 수양도 하고, 극기훈련도 하기 위해 설악산에 다녀올 계획이다. 파워워킹도 해가며 체력을 키웠다. 드디어 설악산 입구이다. 단풍 색깔로 옷을 바꿔 입는 중인 설악산이다. 오색으로 출발해서 죽음의 계곡 쪽으로 하산하는 코스이며, 왕복 열한 시간 등반이다.

새벽 한 시에 출발했다. 비선대쯤 올라왔을까? 목도 축일 겸 그녀처럼 혼자 산행 온 여성분과 막걸리 한 병을 나누어 마셨다. 처음 만난 사람이지만 나이가 비슷해서인지 더 허심탄회한 대화들을 할 수 있었다. 늦가을 바람 탓일까? 벌써 숨이 차다. 귓불이 아프도록 시리다. 세월 참 빠르다. 그녀의 나이 삼십을 바라보고 있으니 말이다. 이끼들은 바닥이 얼어붙어 있어 매우 미끄러운데도 얼마나 생명력이 강한지 낙지처럼 찰싹 달라붙어 있다.

갑자기 궁금해진다. 설악산의 나이는 몇 살일까? 저 바닥에 있는 이끼들의 나이는 몇 살일까? 위로 올라가면 올라갈수록 나무들은 옆으로 자빠져 있다. 쓰러지지 않으려고 발버둥친 흔적들이 보인다. 그녀는 혼잣말로 내뱉는다.

'대단한 녀석들! 나보다 낫네!'

급경사 코스이다. 사람들이 다 줄을 잡고 계단을 오른다. 낙오되면 안 되기에 주변의 비경은 감상할 여유도 없고, 오토지 앞사람의 발자국만 보고 뒤따라갈 뿐이다.

'그런 거구나! 살아가다 힘들 땐 그냥 묵묵히 줄을 잡고 이렇게 가면 되는 거구나.'

숨이 찰 땐 잠시 서서 심호흡만 할 뿐이다. 위로 올라갈수록 몸은 천근만근이다. 다리는 후들후들 등산화조차도 무겁다. 땀 범벅이 된 몸에선 소금 냄새가 난다. 괜히 올라왔나?

'정상을 포기하고 다시 돌아갈까? 아니야! 여기까지 왔는데 포기하면 안 되겠지? 조금만 더 힘을 내고

가보자.'

 이런저런 생각들이 밀려올 때 하산하는 사람들이 말을 걸어온다.

 "힘내세요! 조금만 더 가면 돼요. 거의 다 왔어요. 파이팅!"

 이렇게 용기를 준다.

 '바보, 그동안 난 왜 항상 혼자라고 생각했지? 바보!'

 발은 통깁스한 듯 굳어 있다. 정상은 얼마 남지 않았다. 사람들의 환호 소리가 들려온다.

 "야호! 야호! 대청봉아, 내가 왔다!"

 이제 표지판이 보인다. 10미터가 100미터보다 더 멀게 느껴진다. 태백산맥에서 가장 높고, 남한에서는 세 번째로 높다는 해발 1,708미터 설악산의 꼭대기다! 설악산의 정상 대청봉 표지 앞에 서 있다. 온몸에 전율이 느껴진다. 양팔은 고슴도치가 된 듯 서늘하게 소름이 돋아온다. 입만 하마처럼 쫙 벌어질 뿐 말이 안 나온다. 그저 감탄만 할 수 있을 뿐 어떤 말로도, 어떤 단어로도 표현 불가능이다. 올라올 때 힘들었던 과정은 다 잊었다. 무거웠던 몸은 날아갈 듯 가볍다. 너무나 황홀하다.

'아! 정상에서 느끼는 감정은 이런 거구나.'

하늘에서 가장 가까운 이곳! 이 순간 손에 닿을 듯 말 듯 저기 보이는 뭉게구름 마을에 엄마 아빠가 살고 있다면, 뭉게구름 타고 잠깐 엄마 아빠를 만나고 올 수 있을까? 엄마 아빠와 가장 가까운 곳에 와 있다. 그녀는 엄마 아빠가 들을 수도 있을까 봐 큰 소리로 외친다.

"엄마 아빠, 사랑해요! 지금까지 막내딸 걱정 많이 하셨죠? 저 이제 괜찮아요."

그녀는 조용히 속삭이듯 말한다.

"지금까지 환경에 지배당해 살았다면, 앞으로는 제 의지대로 열심히 살아볼게요. 지켜봐 주고 응원해 주세요."

그리고 그녀는 마치 엄마 아빠와 포옹이라도 하는 듯이 두 팔을 크게 벌려 하트를 그린다. 돌아서는 등 뒤로 엄마의 목소리가 들리는 듯하다.

"고생 많았지! 장하다, 우리 딸! 사랑한다, 우리 딸! 앞으로도 엄마가 지켜줄 거야. 성공 안 해도 좋으니 바르고, 씩씩하고, 건강하게만 자라다오."

엄마에게는 아직도 막내딸이 중학교 1학년의 나이에 정지되어 있나 보다. 아빠의 목소리도 들린다.

"그럼 그럼, 아빠 마음도 같은 거 알고 있지?"

정상에서 죽음의 계곡 쪽으로 하산하는 동안 은아의 귓가에 엄마의 음성이 들린다.

"은아야, 사실은 엄마가 이곳으로 온 후 한시도 마음이 편치 않았단다. 어린 우리 막내딸을 두고 온 뒤 나 또한 얼마나 울었는지 몰라. 바르게 자라 있는 너의 모습을 보니 몇 십 년이 지난 이제야 맘 편히 눈을 감을 수 있겠구나."

은아는 오랫동안 잊고 있었던 엄마의 마지막 모습이 어제 일처럼 선명하게 떠올랐다. 누워 있던 엄마 얼굴! 숨을 거둔 마지막 그 모습! 엄마 눈에 눈물방울이 고여 있었던 것을!

"엄마, 미안해요. 그때는 내가 너무 어려서 엄마의 눈물을 닦아주지 못했어요. 이제부터는 내가 엄마의 눈물을 닦아드릴게요."

 그녀는 설악산 산행을 하면서 느낀 점들이 많았다. 고작 산에 오르는 것도 이렇게 힘이 드는데 인생을 살아가는 일은 얼마나 어려운 일들이 많을까? 그래 어려움은 당연한 일인 거야! 어차피 삶을 살아가야 한다면 앞으로 고난과 역경이 온다 해도 즐겁게 받아들이고 긍정적으로 생각하며 살아가 보자.

 대청봉에 다녀오고 나서 은아는 낙천적으로 바뀌었고, 마치 도를 통달한 사람처럼 변했다. 멘탈 또한 강해졌다. 설악산에 다녀온 지도 벌써 십여 년이 지났다. 비선대에서 만났던 현주 씨는 잘 살고 있을까? 현주 역시 은아의 안부가 가끔은 궁금하다. 현주는 부산 시내에서 꽃집을 하고 있다. 오늘 아침 현주의 꽃가게 앞을 지나가고 있는 시내버스에 대문짝만한 성공 스토리 강연회 포스터가 붙어 있다. 포스터의 주인공은 비선대에서 만나 막걸리를 한 잔 하고 헤어졌던 그녀 은아였다. 포스터 속 은아 얼굴은 너무나 세상 걱정 근심 하나 없는 듯한 천진난만한 얼굴로 활짝 웃고 있었다. 현주는 은아에게 진심 어린 박수를 보냈다. 은아와 현주는 다른 공간에 살고 있지만 TV 속 〈사○과 전쟁〉 드라마를 보다가 갑자기 이런 생각을 한다.

'우리가 어른이 되고 엄마가 되어 있을 때 우리의 아들들에게 시집온 며느리와 시집간 우리의 딸들이 불행한 결혼생활을 하고 있다면 엄마들은 그 심장에 수십 겹의 대일밴드를 붙이고, 또 붙이고 있겠지!'

# 노예 아닌 노예

 일간신문의 사회면에 대서특필되어 이따금씩 나오는 '누구에게 속아 학대당하고, 노동력을 착취당하고, 오랜 시간을 노예처럼 산 사람들의 억울한 이야기'를 하려는 게 아니다. 먼저 이런 고통을 당한 분들에게는, 깊은 위로와 하루빨리 행복한 생활을 되찾기를 기도한다. 우리 주위에서 항상 보는 평범한 사람들이 살아가는 이야기, 자영업자 소상공인들의 하소연, 끝없는 한숨과 삶의 애환 같은 이야기이다. 자영업자 소상공인들의 말할 수 없는 고뇌와 어려움을 나 같은 사람이 조금이나마 이해하고 대변해 주고 싶은 것이다. 그렇다! 이 내용은 우리네 아들딸 이야기이며, 형제자매, 엄마 아빠의 이야기이기도 하다.

아끼고 아껴 자본을 모은 후 있는 돈 없는 돈 다 끌어모아 대출까지 일으켜 꿈과 희망을 안고 가게를 창업한다. 처음에는 소위 오픈빨이라고 해서 매출이 꽤나 상승한다. 그러나 몇 개월만 지나면 계산기를 두드리며 고민에 빠지는 게 현실이다. 작가라고 해서 고상한 문장으로 이 글을 쓰진 않겠다. 현실 상황 그대로 적으려 한다. 목이 그다지 좋은 위치는 아니지만, 보증금 5천만 원에 인테리어 및 시설비 수천만 원, 기타 재료비, 이렇게 그는 2억을 투자했다. 임대료는 관리비를 포함해 170만 원 정도이다. 직원 인건비는 최저임금으로 계산해 보니 주휴수당, 특근수당, 퇴직금과 4대 보험을 합하여 1인당 300에서 400만 원이 예상 지출이다.

백반식당을 운영하는 사장님의 이야기이다. 아침

여섯 시에 출근해서 음식을 준비하고 영업 시간은 오전 7시부터 오후 8시까지 영업한다. 그는 사장이니까 풀 시간 근무이다. 직원을 고용할 경우 1일 8시간 근무에 휴게 시간 1시간이 법정 근무 시간으로 정해져 있기에, 정규직 두 사람과 바쁜 시간대 임시직 한 사람은 고용해야만 일일 100만 원 정도 매출의 일을 소화해 낼 수가 있다.

드디어 월말이다. 월매출은 3천만 원이다. 계산을 해보았다. 마진이 좀 좋다 치고 40%로 계산했다. 마진 금액 1,200만 원, 임대료 170만 원, 전기요금 50만 원, 가스요금 60만 원, 인건비(직원 2, 알바 1) 800만 원 지출을 모두 빼고 정산을 끝내보니 그는 120만 원을 가져갈 수가 있다. 정성과 애정을 들여 쌓아놓은 탑이 한순간에 무너진 듯 허무하고 허탈하다. 매년 1월 25일, 7월 25일 1억 8천에 대한 부가세 10%인 1,800만 원씩 두 번을 더 내야 한다. 적자이다.

6개월 동안 하루도 쉬지 못하고 가족들과 여행 한

번 못 가고 열심히 노력한 결과가 시간제 시급 받는 임시직의 2분의 1도 안 되는 그의 시급이라니! 그에게는 최저시급도 최저임금도 아무 관계 없는 먼 나라 이야기이다. 그를 슬프게 한다. 희망이 안 보인다. 그가 가게를 시작한 것은 큰돈을 벌기 위함도 아니고, 단지 가족들 먹여 살릴 생활비를 벌기 위해서였는데 그는 스스로 노예가 되어 있었다.

'직원들과 직원 가족을 위한 노예,
월세를 벌어야 하는 노예,
대출금과 대출이자로 은행에 담보 잡혀 있는 노예,
온갖 규제법에 눈치 보고 재수 없으면 벌금 두들겨 맞는 노예,
적자를 보면서 돈을 빌려서라도 세금을 내야 하는 노예'

일 년 동안 일한 결과는 남은 음식들 폐기 처분한 로스까지 계산을 뽑아보니 1,200만 원 적자였다. 사업 성공률 20%를 적용했을 때 80%의 소상공인들

의 삶이 약간의 차이는 있겠지만 대부분 그러할 것이다. 지인이 정보라면서 소상공인을 지원한다는 정책이 있으니 알아보라고 한다. 사장은 개인 신용등급이 2등급이라 혹시나 하는 기대감에 상담을 받아 보았다. 말이 지원이지 이자만 조금 저렴한 소상공인 대출이라고 한다.

그마저도 아파트 담보대출이 있고, 가게 창업할 때 일으킨 대출이 있어 신청조건에 부적합해 자격 미달이라고 한다. 그 대출을 받으려면 기존에 있던 대출을 일부 상환해야 가능하다고 한다. 그럼 그렇지! 이게 무슨 지원이라고! 은행권도 형편 안 좋은 사람에게 무슨 추가 대출을 해주겠는가?

그는 이렇게 허리띠 졸라 매가며 모은 피 같은 돈 2억을 투자해서 스스로 노예가 되어 있었다. 그를 노예로 만든 사람도 그요, 노예의 주인도 가게의 대표인 그 자신이다 보니 누구를 원망할 수도 없다. 그렇다고 당장 그만둘 수도 없다. 그가 그만두는 순간 투자금 2억은 공중 분해되고, 직원들은 일터를 잃으니 이러지도 저러지도 못하는 신세다. 영혼까지도 탈탈 털린 기분이다.

  벌써 이 모양이니 앞으로 몇 년을 어떻게 견뎌내야 할지 걱정이다. 아이들 대학등록금에, 생활비에, 자동차 할부금까지 이런저런 걱정에 매일 밤을 불면증에 시달린다. 이 위기를 극복하는 방법은 가족 경영을 하거나 나 홀로 운영하는 방법밖에 없을 것 같다. 아니면 자동시스템을 활용해 인건비를 절감해야만 살아남을 것 같다.

  백반집 사정만 어려운 게 아니었다. 편의점 사장은 직원들 전부 내보내고 아내와 교대 근무한다고 했고, 호프집 사장은 새벽 시간에 대리운전을 하고 있다고 했다. 그나마 매일 현금이 들어오니 겨우 생활은 하고 있지만, 이 모든 게 빚으로 남는 현실! 앞으로 남고 뒤로 밑지는 빛 좋은 개살구!!! 내가 앞으로 음식사업을 시작한다면 서빙 로봇, 주문 로봇, 음식 만드는 로봇 등을 도입하고 인건비 지출을 최소화하는 시스템으로 사업을 운영해 나갈 생각이다. 인간이 하고 있던 업무들을 각 분야에서 기계나 로봇들로 절반 이상이 대체될 시대가 곧 다가올 거라 예상한다.

2024년 기준으로 소득을 0원 신고한 자영업자가 100만 명에 육박하며, 4명 중 3명이 월 소득 100만 원이 안 된다고 한다. 이렇다 보니 600만 자영업자가 소득이 하락하여 그야말로 벼랑 끝 위기에 몰려 있다고 한다. 이렇게 어려운 현실에서 다방면의 자영업자가 폐업하고 가족 경영이나 1인 경영을 하게 되면, 우리 청년들은 그만큼 발 디딜 곳이 없어진다. 모든 구조가 실타래처럼 엮이고 엮여 있다.

그렇지만 우리의 아들딸들은 좀 더 좋은 직장, 높은 연봉 받는 곳에 취직하기를 원한다. 모순 중 모순이다. 먹이사슬 안에서 서로 먹고 먹힘이 반복되는 상황과 닮은 구조이다. 사회 구조 자체가 그러하니

딱히 무슨 묘수가 있겠냐 마는 그럼에도 어려움을 호소하는 중산층이 주류인 소상공인들을 구원해 줄 히어로가 나타난다면 얼마나 좋을까?

그의 마음을 아는 건지 밤새 솜사탕 같은 함박눈이 바람을 비켜가며 펑펑 내린다. 아침 출근길 참으로 예쁘긴 하지만 고통 속에 핀 눈꽃인 상고대만이 그의 마음을 달래주듯 애교부리며 활짝 웃고 있다. 그는 잠시 차를 세우고 마치 크리스탈로 빚어놓은 듯한 그 경이롭고 아름다운 눈꽃작품! 속살까지도 에일 듯 시린 아픔과 시련을 딛고 피어난 상고대! 너 역시 찬란하게 빛나는 얼굴로 겉으로는 웃는 모습이지만, 속으로는 하염없는 눈물을 흘리고 있겠구나.

하루만 지나면 흔적 없이 사라져 버릴 환상적인 예술작품을 감상하며 두 주먹을 불끈 쥔다. 그래, 사랑하는 소중한 가족들을 위해 다시 한번 더 힘을 내보자! 나 또한 상고대의 운명처럼 마지막 남아 있는 힘을 다해 오늘도 뚜벅 뚜벅 뚜벅…

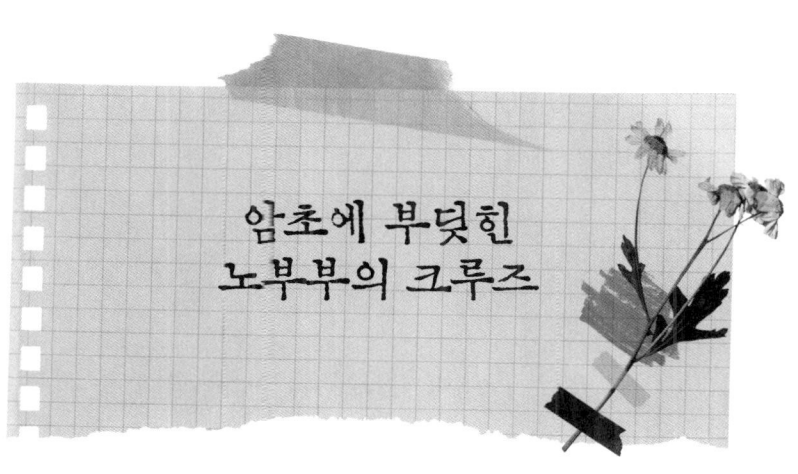

## 암초에 부딪힌 노부부의 크루즈

 오늘은 지금까지 바빠서 미루어 왔던 머리 손질을 하기 위해 오랜만에 큰맘 먹고 미용실에 왔다. 등허리까지 긴 머리를 웨이브 파마와 염색을 동시에 하려면 17만 원은 지출해야 한다. 차례를 기다리고 있는데 한 할머니가 다리를 절룩거리며 미용실 안으로 들어온다. 검은 비닐봉지에 담겨 있는 무언가를 원장에게 건네며,

 "머리할 때도 되고 겸사겸사 왔어요. 할머니들 뽀글뽀글 파마도 해주나요? 금액은 얼마인가요?"

 할머니의 물음에 원장이 친절하게 대답한다.

"원래는 30,000원인데 할머니들한테는 15,000원에 해드리고 있어요."

원장은 검은 비닐봉지를 받아 들며 다시 말한다.

"할머니, 청국장 맛이 깊고 진하고 구수해서 진짜 맛있어요."

동네 미용실은 예나 지금이나 사랑방 역할을 톡톡히 한다. 누구누구 집에 밥그릇 사정까지도 다 꿰고 있을 정도이다. 차를 마시며 순서를 기다리는 동안 할머니는 이야기보따리를 풀어놓았다. 미용실 원장과 할머니는 같은 동네라서 살짝 아는 사이였다. 할머니는 계단을 내려오다가 구르는 바람에 다리뼈에 금이 가서 수술을 두 번이나 받았다. 2년이 지난 현재까지도 다리를 절룩거리고 있다고 했다. 할머니는 절룩이는 다리를 가지고도 자식들에게 손 벌리지 않기 위해 청국장을 띄워 깜깜이로 판매하는 분이셨다.

할머니의 남편은 위암에 걸려 수술을 한 후 힘든 치료과정을 끝내고 재발하지 않도록 관리를 하고 있지만, 그는 가장이기에 그러한 상태의 몸을 가지고도 큰 회사에 취직해 새벽 5시부터 경비업무를 하고 있다고 했다. 할머니는 이야기를 계속 이어갔다. 일평생 식당을 운영해 자식들 뒷바라지하여 다 혼인시킨 후 객지로 출가시켰다. 노부부는 자신들이 거주하는 2층 주택의 1층에 있는 상가에 임대차계약을 하였다. 임대료는 주변 시세보다 저렴한 조건으로 보증금 1,000만 원에 월세 70만 원이며, 임대차 기간은 24개월이다.

나이 60세인 임차인은 민물매운탕 음식점을 운영한다고 했다. 상가 안에 남아 있던 집기들과 가스 기구 등이 그대로 남아 있어 새로 시설할 필요도, 투자할 필요도 없는 상태였다. 이전 임차인이 쓰던 시설 및 기구가 많았다. 새로 설치하려면 2천만 원은 투입이 되어야 하는 시설을 현 임차인은 이전 임차인에게 단돈 200만 원에 매입했다고 한다.

자식들에게 짐이 되지 않기 위한 부부의 노후 준비는 완벽히 마쳤다. 앞으로 매달 받는 임대료와 노령연금으로 살아가면 되니 고생 끝, 행복 시작이라며 부부는 좋아했다고 한다. 노부부가 꿈꾸는 미래의 크루즈 항해는 잔잔한 바다 위에서 무리할 필요 없이 늘 하던 대로 노를 저으며 가면 되는 일이었다. 마당 한쪽 정원 울타리를 감싸고 있는 꽃이 피기 직전의 장미 꽃봉우리가 얼마나 가슴을 설레게 했는지, 활짝 핀 꽃들은 마치 새색시의 보조개처럼 상큼하면서도 얼마나 곱고 아름다웠었는지, 정원에 있는 다른 꽃들은 어떤 꽃내음을 선물로 주었는지 지금까지는 몰랐다고 한다. 삶의 원천이 되는 공기와 바람과 햇빛의 고마움을 절실하게 알게 된 것도 2023년 코로나 팬데믹이 지나간 이후 최근이란다. 자식들 삼남매를 키우려니 그러한 감상을 하는 것은, 그들에게 맞지 않는 옷을 입는 것처럼 사치와도 같았다.

 나이 80이 다 되어서야 사치 같지도 않은 사치를 이제 좀 부려보려던 찰나, 그들이 타고 있는 크루즈가 암초에 부딪혔다. 역류하는 거친 파도로 휘청이기까지 한다. 임차인이 식당 영업을 시작하고 3개월

되는 달부터 10개월 동안 월세는 주지 않으면서 임대인인 노부부에게 천만 원을 보상 차원으로 내놓으라며 소송을 걸어왔기 때문이다. 돈을 달라는 이유는 이러하다. 주방 쪽에 이전 임차인이 쓰기 좋도록 임시 처마(가대기)를 설치하였던 그 공간을 트집 잡아 계약서와 면적이 다르므로 사기라는 것이다.

또 한 가지 주장은 이러했다. 수조에 있는 물고기들이 물의 수질이 나빠 죽었으니 건물주 책임이라는 것이다. 건물주 말에 의하면 그 수조에는 순환장치조차 없었다고 한다. 순환장치는 임차인이 설치해야 하는 일인데도 말이다. 이렇게 말도 안 되는 이유로 돈을 요구했다고 한다. 재판을 1년 가까이 하고 있어 울화통이 터질 것 같다며 눈물까지 흘리신다.

할머니는 생전 처음 겪는 일이라며 매우 힘들어하셨다. 가슴이 아프다며 가슴을 주먹으로 퍽퍽 치며 또 쓸어내리기를 반복하고 있었다. 화병이 든 사람 같았다. 할머니를 더 힘들게 하는 일은 조정위원의 처사였다고 한다. 임차인이 약자이니 할머니 측에서 양보해 줄 수 없느냐라는 것이다. 노부부는 머리가 깨질 듯 아파 얼마의 금액을 주고라도 합의해 줄 생각을 하고 있었다. 임차인은 변호사를 선임하지도 않았고, 모든 서면을 본인이 준비했다고 한다. 한두 번 해본 솜씨가 아니었다. 거의 척척박사 수준이었다. 우리가 듣기에도 꼭 꾼 같았다. 할머니는 변호사 수임료와 합의금에 처마 원상복구 비용까지 손해가 장난 아니었다.

할아버지는 이 일을 겪는 과정 중에 위암이 재발했다고 했다. 우리는 이야기를 들으며 혹여 할머니가 쓰러질까 봐 노심초사하며 걱정하기에 급급했다. 할머니는 머리를 하러 온 것이 아닌 하소연을 하러 온 것 같았다. 우리는 할머니의 말에 맞장구를 쳐주며 할머니를 위로해야 했다. 상처 입은 사람이 속에 있는 말을 터놓는 것만으로도 조금은 마음이 풀릴 것을 알았기 때문이다.

소송이 시작되니 법적인 용어로 임차인은 원고이고, 할머니는 피고였다. 계약서대로 이행하지 않은 사람은 분명 임차인인데도 할머니가 죄인 취급을 받는 느낌마저 들었다. 우리는 이야기를 듣는 내내 할머니가 과연 강자일까? 임차인이 정말 약자일까? 아무 잘못한 일이 없는 사람도 억지 부리며 소송을 먼저 걸어오는 사람 앞에서는, 피해를 준 죄인처럼 합의를 해줘야 하는 걸까? 사회 통념상 누가 보더래도, 어느 기준에서 따져봐도 우리 상식에는 할머니가 강자로 생각되지 않는다.

우리 눈에 보이는 할머니는 사람 잘못 만나 1년이 넘도록 마음고생하는 피해자이다. 본 사건에서 임차인이라는 이유만으로 약자라고 단정 짓는 처사에 절대 동의할 수 없다. 동시대를 사는 사람 중에 제법 많은 수의 사람들이 거꾸로 보이는 안경을 쓰고 있는 것 같다. 본인 잘못이 명확한데도 무조건 큰 소리부터 치고 본다. 거꾸로 가는 시계! 반대로 보이는 눈! 하지만 할머니의 사례는 약과이다. 요즘 세상을 떠들썩하게 하는 학교폭력과 직장 내 따돌림이 만연한 그 작은 사회에서도 피해자는 도망치고, 가해자는 당당하게 살아간다.

"사기 친 사람만 잘못이 아니야! 사기당한 사람이 바보라서 당했지! 괜히 당했겠어! 그럴만한 이유가 있었겠지. 당해도 싸!"

이렇게 피해자들을 술상에 안줏거리 삼듯 씹어대며 2차 가해하는 사람들! 약자인 것처럼, 좋은 사람인 것처럼 위장하고 연극을 해가며 펜덤을 이용해 상대를 오히려 겁박하고 뒤에서 공격하는 사람에게 본인이 당한다 해도 그런 말들을 할 수 있을까? 너무나도 어지러운 세상!

설마 지구가 술을 마시고 만취해 비틀비틀 빙 돌고 있는 것은 아니겠지? 그런 것이 아니라면 세상이 어떻게! 이렇게! 구겨지고 뒤틀려 있을까? 설사 그렇다 치더라도 수리가 쉽지 않을 만큼 뒤죽박죽인 비정상적 4차원의 세상에서 올바른 정신으로 중심을 잘 잡아야만 우리는 자신과 소중한 가족을 지킬 수 있을 것이다. 할 수만 있다면 솔로몬을 책에서라도 불러온 후 다시 살려내서 우리 앞에 판관으로 세우고 싶다. 솔로몬의 지혜가 참으로 간즐하게 그립기만 하다.

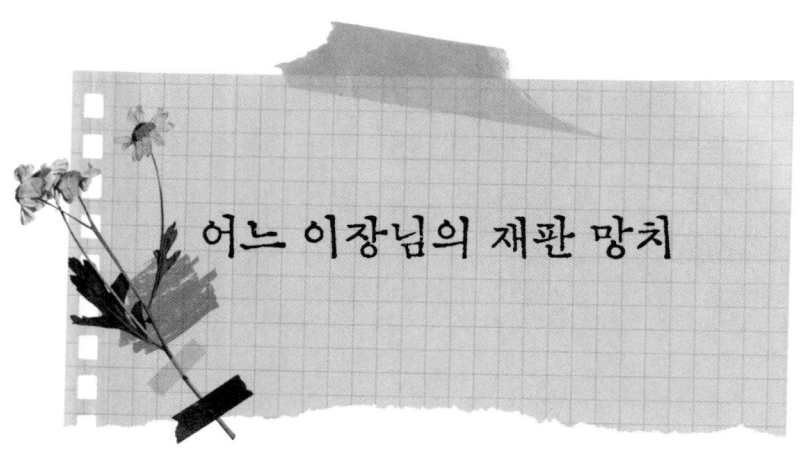

# 어느 이장님의 재판 망치

 손 씨 부부는 서울에서 농촌으로 이주하기 위해 땅을 샀다. 건물을 지어 이사할 계획이다. 어느 날 그 마을 이장님께서 부부를 마을회관으로 초대했다. 이 이야기는 초대를 받은 부부가 겪은 팔딱팔딱 뛰는 생선 횟감과도 같은 생생한 실화이다.

 부부는 저녁 6시 30분경 불미스러운 일이 생길까하는 불안한 예감에 휴대용 전화기의 녹음 기능을 켜둔 채 마을회관 안으로 들어갔다. 혹여나 사람들이 폭력적으로 나온다면 맞서지 말고 경찰에 신고하기로 사전에 입을 탓추었다.

 싸늘하다 못해 시퍼런 냉기로 가득 차 있는 회관 안에는 열대여섯 명 정도 되는 동네 사람들이 모여 있었다. 이장님이 회의 진행을 하였다. 이장이 첫마디를 시작한다.

 "부부께서 우리 마을에 땅을 사게 된 경위와 그 땅을 앞으로 어떻게 이용할 것인지 계획을 소상히 밝히시고, 여기 계신 분들 한 사람 한 사람의 묻는 말에 상세히 답변 바랍니다."

 이장의 말이 끝나기가 무섭게 자신을 부녀회장이라고 소개한 여성이 첫 번째 타자로 나선다.

 "누구 맘대로 감히 우리 마을에 주민들 허락도 안 받고 건축허가를 맡았어요? 관에서 허가를 해주던가요?"라고 고함을 친다.

 손 씨가 대답한다.

 "죄송합니다. 저희는 시청에 건축허가 받기 전에 마을에 먼저 허락을 받아야 하는지 몰랐습니다. 앞으로는 그렇게 하겠습니다. 이미 종합건설사와 건축

법에 저촉되지 않는 범위 안에서 허가받은 도면대로 공사하기 위해 계약을 체결했으며, 몇 억을 계약금으로 선지급했습니다. 4층 통 상가건물을 신축할 계획입니다. 너그럽게 이해 부탁드립니다."

손 씨의 대답이 끝나자마자 두 번째 타자가 나선다. 따발총 후려갈기듯 협박성 경고를 내뱉는다.

"우리는 법은 모르겠고 아무튼 2층 이상은 못 지어요. 우리가 모든 수단과 방법을 가리지 않고 다 동원해서라도 2층 이상은 절대 못 짓게 만들고야 말겠어요. 가만두지 않을 거예요. 공사할 수 있는지 없는지 한 번 봅시다."

이번엔 손 씨의 아내가 한마디를 거든다.

"일조권과 건폐율, 용적률에 맞도록 짓는 거라 아무 문제 없는 것으로 알고 있어요."

또 다른 아줌마가 손 씨의 아내에게 쌍욕을 해댄다.

"야 쌍년아! 법이 다가 아니야, 쌍년아!"

부부는 기가 찼다. 황당했다. 화도 났다. 그래도 감정을 억누르고 꾹 참으며 이성적으로 대응했다. 인민재판(人民裁判)은 한 시간 반 가까이 진행되었고,

그곳에 모여 있는 사람들의 많은 질문에도 진실성 있게 성심성의껏 대답해 주었다. 부부가 정중하게 이야기해서인지 불미스러운 일은 발생하지 않았다. 다행이었다.

집에 와서 곰곰이 생각해 보았다. 무슨 가축 사육 시설을 짓는 것도 아니요, 환경오염을 유발하는 공장을 짓는 것도 아니요, 산업 폐기물 처리시설을 짓는 것도 아니요, 혐오스러운 건물을 짓는 것도 아닌데, 번듯하고 멋진 건물들이 많이 생길수록 마을에도 플러스가 되는 일인데 왜들 이러실까? 목적이 무엇일까? 돈일까?

이전부터 지방 곳곳에 있는 여러 시골 마을 사람들이 타지에서 그들의 마을로 들어오는 사람들에게 행하는 횡포와 텃세는 익히 들어 알고 있었다. 이 마을에서 앞으로 일어날 일들이 매서운 칼 회오리바람보다도 더 매서울 것을 부부는 직감했다. 그 일이 있고 난 며칠 후 부부의 땅에는 포크레인 장비와 덤프

차가 투입되어 터파기 공사를 하였다. 부부의 직감은 적중했다. 터파기 공사를 한 다음날부터 민원이 들어왔다며 시청공무원에게서 전화가 왔다. 시청에 여섯 명이 쳐들어와 누구 맘대로 허가를 해주었느냐느니, 허가해 준 사람을 가만두지 않겠다느니, 행정소송이라도 불사하겠다느니 하며 엄포를 놓고 갔다는 것이다. 이 모든 일의 진두지휘(陣頭指揮)는 이장이 하는 것 같았다. 마을 사람들의 무지막지한 민원으로 인해 공무원들도 골머리가 아팠을 것이다. 부부는 이장님께 전화를 걸었다.

"이장님, 마을발전기금 명목으로 얼마라도 내라면 기분 좋게 낼 생각 있어요. 공사하는 데 훼방하는 건 좀 심한 것 같아요."

이장님이 말한다.

"지금 그런 말할 단계는 아니고, 우리는 어떻게든 2층 이상 못 짓게 하도록 회의해서 결정했으니 그렇게 아세요."

사실 부부는 마을 사람들의 저항을 예상하고 천만 원 정도 금액을 마을에 기부하자고 의견 합치를 미리 해둔 상태이다. 그러나 공사 기간이 2년 가까이 소요되기에 시기를 봐가며 내놓을 심산이었다. 미리 기부할 경우 먹튀 당하고 괴롭힘은 괴롭힘대로 당할 것을 우려하여 기지를 발휘한 것이었다. 그러면 그렇지! 부부는 공사하는 동안 줄에 매달려 공중곡예 하듯 기 싸움을 해야 했다. 그들에게 하코지 당할까 봐 가장 먼저 현장 전면에 사각지대가 없도록 감시 카메라부터 설치했다.

그들은 그 후로도 매달 이틀에 한 번꼴로 시청에 민원을 제기했다. 시청직원들은 또 무슨 죄인지 마을 사람 중 90%가 눈에 쌍불을 켜고 부부의 건축 현장을 감시하며 사소한 것 하나라도 트집을 잡아 공사를 멈추게 하려고 혈안이 되어 있었다. 아마도 북한에서 인민재판(人民裁判)을 받는다면 이런 기분일까?

부부는 만정이 다 떨어졌다. 마음을 바꾸어 먹었다. 그래, 이판사판(理判事判) 공사판이다. 마을에 기부하려고 작정하였던 자금은 현장 단속하는 비용으로 대체 투입되었다. 덕분에 행정처분 당한 것은 한 건도 없었다. 그러나 공사비는 훨씬 더 추가되었다. 주택과 멀리 떨어져 있는 현장임에도 매일 민원이었기에, 한 시간을 천공(穿孔) 작업하는 일에도 전 층에 분진망을 이중으로 설치해야 했으니 그 비용만 해도 천만 원 이상이다.

공사하는 중에 들은 소문들은 이러했다. 손 씨 부부가 매입한 그 토지에 집을 지으려고 할 때마다 얼마나 괴롭힘을 당했는지 여러 지주 모두가 도망치듯 마을을 떠난 것이며, 손 씨에게 큰돈을 뜯어내려고 작당 모의했다는 소문들!

손 씨의 아내는 스트레스를 너무 많이 받아 두 번이나 응급실에 실려 가야 했다. 그녀는 불의를 보면 참지 못하는 성격임에도 그 부당함을 인내하려니 속이 뒤집혔었나 보다. 밥만 먹으면 체증이 오고 명치가 아파 한의원에 다녀야 했고, 그 마을을 떠나온 후 세월이 지났음에도 그 고질병이 가끔 재발한다고 했다.

얼마 전 글을 쓰기 위해 부부를 인터뷰했다. 1년 3개월 동안 부부를 괴롭혔던 그들은 온갖 불법투성이였다고 했다. 지난 일이니 하는 말이지만 손 씨 부부가 민원을 한 번만 접수했어도 각각 수천만 원씩을 들여 원상복구해야 하는 사람들인데 자신들이 봐준 것이라고 했다.

부부는 건설회사를 20년 동안 경영해 온 대표였기에 그들의 약점인 불법을 알면서도 당해 준 것이었다. 즉 무서워서 피한 것이 아니라 더러워서 피한 것이었고, 상대할 가치조차 없었던 거였다. 들려오는 소문에 의하면 그 시기, 그 이장은 자신이 구슨 정의파인 것처럼 행동하며 마을에 못마땅한 일이 있을 때면 청와대 앞에 가서 1인 시위까지 하는 인물이라고 한다. 그러면서 뒤로 호박씨를 까는 건지 그 동네에 월세 얻어 영업하는 사무실에까지 수시로 찾아가 손 벌리는 그런 사람이라고 한다.

또 다른 소문의 내용은 이러했다. 공무원을 찾아

가 항의하고, 마을회관에서부터 부부를 괴롭히는 일에 적극적으로 동참했던 부녀회장 역시 평생 살 새집을 지으려고 추진하다가 이장의 반대로 무산되는 바람에 3,800만 원의 돈만 날리고 그 마을을 떠났으며, 열 가구 정도가 서로 불법을 신고하고 물어뜯어 원상복구 명령 행정처분을 받았으며, 이장 또한 이행강제금 고지서를 받아든 상태라고 한다.

꼴랑 엄지손가락만큼 작은 권력의 망치를 휘두르며 사람들을 괴롭히고 쫓아내는 그 마을의 무법자! 이런 사람이 이장인 마을이 무슨 발전이 있겠는가? 안 그래도 사람들이 다 도시로 떠나는 바람에 농촌 마을이 소멸 위기라고 한다. 그러므로 이러한 이장들은 하루빨리 생각이 진취적이고 젊은 이장들로 교체되었으면 하는 생각이다. 정말 마을을 위해 불철주야(不撤晝夜) 노력하고 희생하는 다른 마을 이장님들의 얼굴에 먹칠하는 피해는 입히지 않았으면 좋겠다.

## 제4장

쥐구멍에서 해를 찾아가는 길
엄지손가락 울기
세금청구서
모기의 플러팅
풀어야 식혀야 제맛
한과 얼음 속 물고기

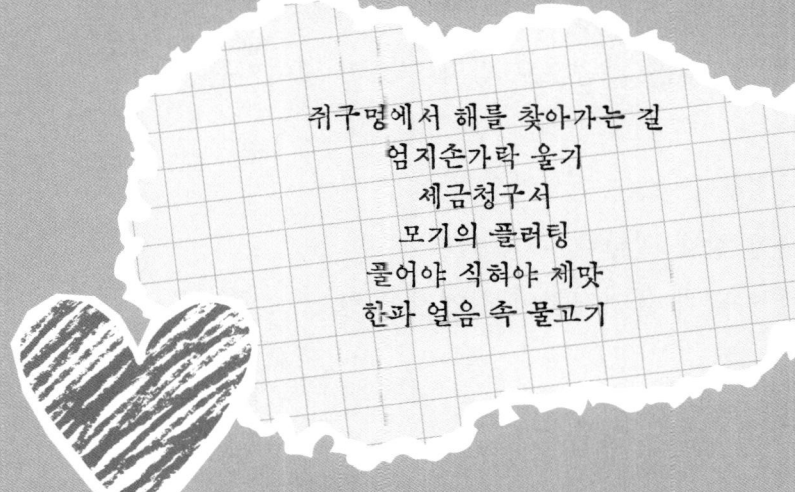

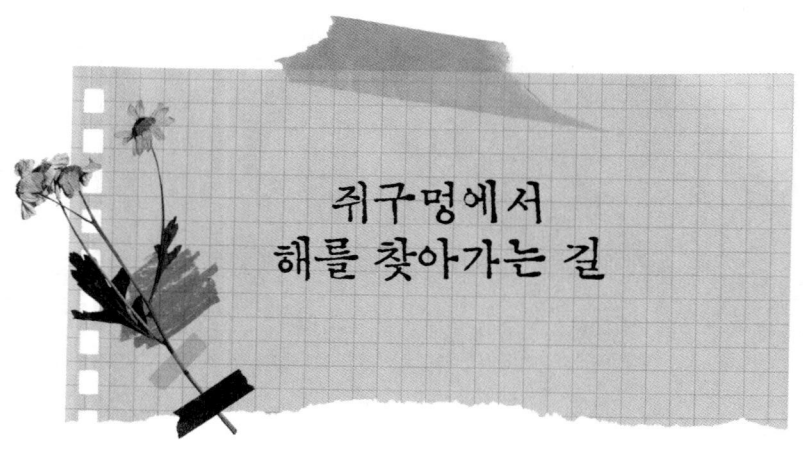

## 쥐구멍에서 해를 찾아가는 길

지평선 같은 엉겅퀴 가시 풀숲
보름달 같은 가슴으로 감싸 안으며 걸어가는 길

첩첩산중 논술 문제와도 같은
수만 갈래 실타래
한 가닥씩 풀어헤치며 걸어가는 길

홀로 출발하여
어우렁 더우렁
어깨동무하고 걸어가는 길

산 너머 지평선 끝자락
하늘나라 동아줄 펄럭이고
태양만 바라보고 걸어가는 길

## 엄지손가락 울기

단지증 엄지손가락 운다

성난 뱀 대가리처럼
수세미보다 더 무뎌진 손
지문도 문드러진 손가락
세월의 흔적 세계지도 그린 손바닥

사람들은 말하지
부지런하고 재주 돈복 많고
생활력 무쇠 같은 손

손 내밀기 부끄럽지만
세상에 하나뿐인
내 눈엔 예쁘고 소중하다고 여기는
못생긴 내 엄지손가락

세금청구서

냉정한 표정을 하고
탁자 위에 항상 누워 있는
너의 이름은 세금청구서

오랜 세월 공들여 만든 탑
갱엿 푹 고듯
콘크리트 양생시키듯
굳혀놓은 내실이지만

물거품 되어 사라질까 봐
속절없이 무너져 버릴까 봐
속 곪아 터질 것 같아도
사시나무 떨듯 벌벌 떨고 있어도


탁자 위에 입 벌리고 누워 있는
일수 채권자 같은
너의 이름은 세금청구서

시시때때로 찾아와 손 벌리는
밑이 빠진 항아리 같은
너의 이름은 세금청구서

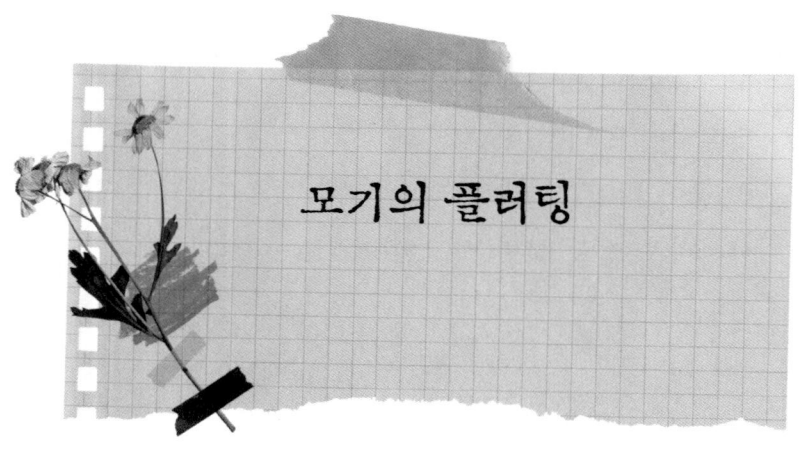

## 모기의 플러팅

소프라노 성악가의 노랫소리인 양
내 귓가를 돌며 위~잉 위~잉
한 소절 뽑으며 지나간다

그는 내 볼태기에 살짜꿍 뽀뽀 후
나와 밀당이라도 하는 듯
내가 찾을 수 없는 곳으로
쏜살같이 숨고 또 숨는다

블랙 & 화이트 줄무늬 옷을 입고
공중에서 패션쇼를 하는 걸까?

최대한 멋진 모습을 뽐내듯
빛의 속도로 근육질 몸매를 자랑한다
그가 나랑 숨바꼭질하며 놀자 하네

## 풀어야 식혀야 제맛

청국장 우거지 된장국
쌀가루 미음도
짜장가루 카레가루도
풀어야 제맛

오해 미움 원망도
풀어야 제맛
마음속 앙금과 화병은
식혀야 제맛일 텐데

가슴속 봇짐 안에
매듭 묶어 싸둔 채
뾰족하게 찌그러진 불덩어리
꼬옥 끌어안은 채
힘들게 굴려가며 살고 있다

아!
인생의 참맛 제대로 느끼고 싶다

## 한파 얼음 속 물고기

꽁꽁 얼음 속 갇혀 있는 신세
빙벽 갈라지는 날 언제쯤 올까?
누구든 짱돌 하나 던져주면 좋을 텐데

얼음 수제비 뜨는 날
두꺼운 벽 허무는 날
나는 자유를 낚는 날

얼음 마당놀이 피겨 선수인 듯
빙그르르 돌고 싶어
뒹굴뒹굴 구르고 싶어

강에 떠 있는 얼음 조약돌
허공에 떠다니는 작은 구름 조약돌
징검다리 삼아 걷고 날고도 싶어

# 제5장

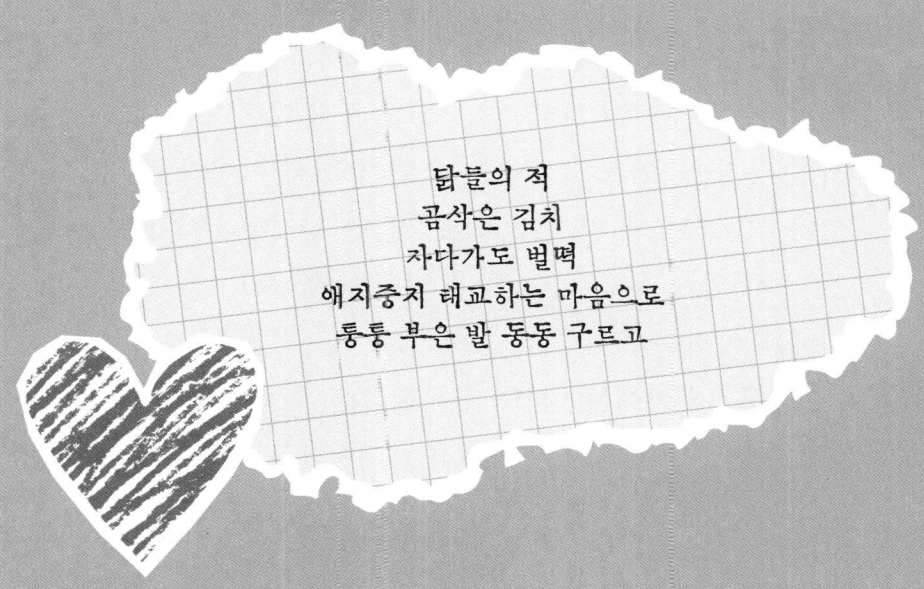

닭들의 적
곰삭은 김치
자다가도 벌떡
애지중지 태교하는 마음으로
통통 부은 발 동동 구르고

## 닭들의 적

 여기는 어느 나라 궁궐 안, 포승줄에 묶여 있는 한 아이가 있다. 아이 옆에는 긴 창을 들고 있는 머리에 닭털 분장을 한 포교 같은 사람들이 서서 아이가 도망가지 못하도록 지키고 있다. 열 명 남짓한 신하들은 전하 앞에 무릎 꿇고 앉아 머리를 조아리고는 전하에게 아뢰는 중이다.
 "전하, 저 아이는 대역죄인이옵니다. 절대 저 아이를 그냥 살려 보내면 아니 되옵니다. 살려 보냈다가는 수년 내에 우리 종족이 멸종될 수도 있사옵니다."
 이번에는 다섯 명의 신하들이 다시 전하에게 아

된다.

"아니 되옵니다. 전하, 저 아이의 나라는 워낙 강국이라서 우리가 어려울 때 저들에게 도움을 청해야 하옵니다. 저 아이를 꼭 살려 보내야만 하옵니다. 그렇지 않으면 적국이 쳐들어와도 도움을 받을 수가 없사옵니다. 결국에는 적들에게 함락되고 말 것이옵니다. 통촉하여 주시옵소서, 전하!"

전하께서 말씀하신다.

"저 아이가 바로 그 아이란 말이냐?"

"그러하옵니다, 전하."

"나에게 생각할 시간이 필요하다."

"저 아이를 다시 철창에 가두고 3일 동안 굶기도록 하여라."

아이는 벌벌 떨다 못해 서슬이 새파랗게 얼어붙어 있다.

"살려주세요! 살려주세요! 잘못했어요. 살려주세요. 잘못했어요. 엄마 아~앙, 엄마 아~앙 살려줘!"

현우는 물에 빠진 듯한 소리로 잠꼬대를 한다.

"현우야, 일어나! 일어나! 정신 차리고! 왜 무서

운 꿈 꿨어? 그러니까 엄마가 자기 전에 꼭 텔레비전 끄고 자라 그랬잖아!"

'얘가 어디 아픈가? 왜 이리 식은땀을 많이 흘렸지?'

침대 매트리스가 흠뻑 젖어 있다.

'설마 자다가 지도 그린 건 아니겠지?'

이불 속에 손을 넣어보니 멀쩡하다. 실수한 건 아니라서 다행이다.

"일어나 밥 먹고 동물원 갈 준비해야지."

현우는 엄마가 깨우는 소리에 눈을 뜨자마자 갈비뼈가 으스러질 정도로 폭 안긴다. 아침 식사 시간이다. 반찬은 햄버섯볶음과 김치찌개와 계란찜이다. 다른 날에는 아침밥을 먹는 둥 마는 둥 하던 애가 오늘 아침엔 배 안에 걸신이라도 든 것처럼 게걸스럽게 한 그릇 뚝딱 비우고 한 그릇을 더 달라고 한다. 전에는 손도 대지 않던 버섯 반찬까지도 다 비웠다.

오늘은 일요일이라 엄마, 아빠, 현우 이렇게 세 식구는 동물원에 가는 중이다. 승용차를 탄 현우는 컨

디션이 별로인지 축 늘어진 채로 계속 잠만 자고 있다. 아빠는 운전 중이다. 아빠는 3대 독자인 아들 바보다. 오늘 일정은 아빠가 기획했다. 현우가 초등학교에 입학하면 시간 맞추기가 쉽지 않을 것 같아 어렵게 시간을 만든 것이다. 일주일 후면 초등학교 입학식이다.

 엄마 아빠 눈에는 세상에서 제일 똑똑한 천재 같고, 무엇을 해도 예뻐 보이고 의젓해 보인다. 차멀미가 있어 패치를 붙인 엄마의 오늘 캐릭터는 자칭 사진작가이다. 사랑스러운 두 남자의 추억이 될 순간들을 담기 위해 카메라 셔터를 연신 눌러댄다. 집으로 돌아오는 길 매우 피곤했던지 현우는 또 꿈나라다.

 오늘은 드디어 현우가 난생처음 학교에 가는 날이다. 150미터 정도까지 데려다주고는 엄마 아빠도 몰래 뒤따라간다. 신호등은 잘 지키는지, 차들은 잘 피하는지, 길은 잘 찾아가는지 애가 탄다. 학교 수업은 잘했는지, 선생님께 혼나지는 않았는지 집에 올 때까지 걱정 한가득이다.

현우가 언제쯤 오려나 손꼽아 기다리던 엄마는 어제 맡긴 사진도 찾아올 겸 배고파할 현우를 위한 간식인 양념 닭강정을 사다가 식탁 위에 올려놓았다. 그런데 집에 돌아온 현우는 최애 간식을 보고도 소 닭 보듯 지나쳐 자기 방에 들어가 버린다. 문을 열어보니 침대에 누워 이불을 머리끝까지 덮어쓰고는 꼼짝도 하지 않고 자고 있다. 엄마는 별별 생각을 한다.

'요즘 조류독감이 유행이던데 사람한테 전염되는 건 아닌가? 애가 어디 아픈가? 학교에서 무슨 일이 있었나?'

현우는 지금도 꿈나라다. 잠자는 동안 엄마는 사진을 앨범에 끼워 넣으며 갓난쟁이 때부터 아이와 함께했던 추억여행에 빠진다.

'태어난 첫날 고추를 적나라하게 드러낸 채 찍은

알몸 사진,

도리도리를 처음 했던 날,

뒤집기를 처음 했던 날,

백일상 차리던 날,

처음 엄마 아빠를 부르던 감격의 그날,

모유를 떼기 위해 엄마 젖꼭지에 빨간약을 바르고 젖을 물리지 않자 고개를 픽 돌리며 토라지던 그때 그날,

돌잔치날 돌잡이로 무엇을 잡을까 어른들끼리 내기하며 바라보던 날, 저 천재 아이는 현금카드를 잡았었지!

엄마 아빠를 보고 뒤뚱뒤뚱 넘어질 듯 말 듯 처음으로 걸음마 하던 그날!'


우리는 환호했었다. 그 무엇과도 바꿀 수 없는 행복한 그 순간들은 지금까지도 우리의 머릿속에 박제되어 있다. 달콤한 잠에 빠져 있던 현우가 일어나자 엄마 또한 달콤한 추억에서 깨어났다. 아들 바보인 남편은 하나밖에 없는 아들이 세상에서 가장 좋아하

는 음식인 치킨을 사 들고 집에 들어왔다. 현우는 거의 매일 닭고기를 먹는다. 백숙 빼고는 모든 메뉴를 바꾸어 가며 매일 매일 먹어 치운다. 엄마 아빠는 그런 현우를 수시로 놀리곤 한다.

'전생에 무슨 닭하고 원수가 졌나?'

아빠는 오늘도 현우를 놀리기 시작한다.

"네가 먹어 치운 닭만 해도 몇 트럭은 될 거야!"

"너는 아마 닭 나라에 가게 되면 닭들이 벌떼처럼 달려들어 너를 가만두지 않을걸. 내가 닭 입장이어도 그렇게 할 거 같아!"

그 말을 듣자 갑자기 새카만 눈동자에 눈물이 맺힌 시무룩한 표정으로 "아빠, 무서워! 사실은 나 일주일 전 꿈에서 닭 나라에 끌려가 죽는 줄 알았다고!"라고 말하고 곧 눈물보가 터지기 직전이다. 아빠가 자주 놀려서 현우가 그런 악몽을 꾸었나 보다. 그래서 현우가 일주일 동안 그 좋아하던 닭고기를 먹지 않고 시무룩해 있었나 보다.

엄마는 그런 현우를 어떻게 달래나 생각하다가 말을 꺼낸다.

"괜찮아, 엄마 생각에는 아마도 네가 자기네들 동족인 줄 착각할지도 몰라. 현우 너랑 닭이랑 유전자 검사하면 적어도 95% 이상은 일치로 나올 수도…"

아빠는 꿈에서 현우를 괴롭힌 그들에게 소심한 복수라도 하듯이 혼잣말로 'IQ가 낮은 닭 나라의 닭대가리들은 그럴 수도 있겠지. 우리 천재가 닭을 닮으면 큰일인데…' 하며 옆에서 껄껄 웃는다. 엄마 말을 듣던 현우는 한참을 생각하다가 이번엔 이렇게 질문한다.

"근데 왜 사람은 동물을 잡아먹어? 닭이랑 돼지랑 소랑 전부 다 그렇게 잡아먹어도 죄가 안 되는 거야?"

엄마가 대답한다.

"응, 그 이유는 사람이 만물의 영장이라서 가축이든 채소든 다 키워서 먹어도 되는 거야. 그래서 죄를 짓는 것은 아니란다. 사람에게 주어진 축복이란다."

"그리고 현우야, 다음에 또 닭 나라에 끌려가면 그때는 조류독감 약을 챙겨가서 그거 주고 살려달라고 하면 되지 뭐."

현우는 똘망똘망한 눈을 더 크게 뜨고는 한참을 생각하다가 말했다.

"맞네! 그런 방법이 있었을 줄이야! 엄마, 고마워!"

그날 밤 현우는 그동안 아플 때마다 먹고 남겼던 감기약을 챙겨서 잠옷 주머니에 넣고 깊이 잠들었다.

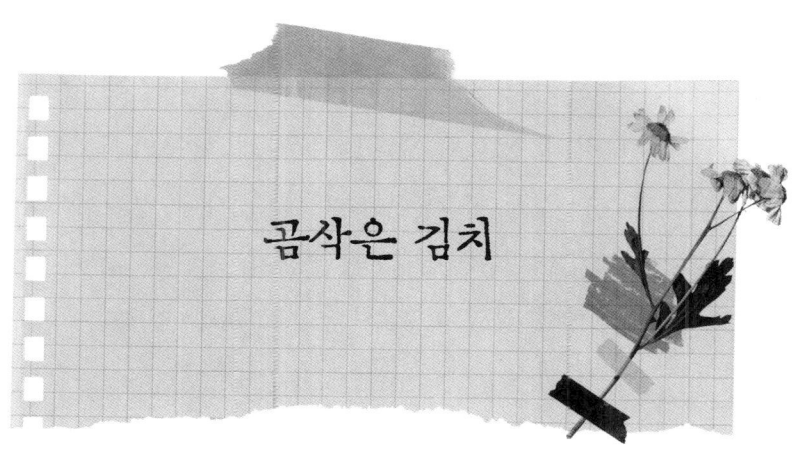

## 곰삭은 김치

    뿌연 미세먼지를 실은 바람이 마치 비보이들이 춤을 추며 흙먼지를 일으키듯 휘몰아치며 지나간다. 바람이 잦아든 후 마당 청소를 하던 중 한쪽 구석에 자리를 차지하고 있는 장독대들만의 공간으로 가서 항아리를 하나씩 하나씩 열어보았다. 그 항아리에는 시어머니가 보내준 애호박을 썰어 말린 나물거리, 가지 말린 나물거리, 무청 시래기 말린 것과 여러 종류의 반찬거리들이 서로를 의지한 채 잠자고 있었다.

미련은 그 반찬거리들을 챙겨 김치냉장고에 옮겨 보관하기 위해 창고로 갔다. 겨우 세 식구라서 김치냉장고를 쓸 일도, 열어볼 일도 없었기에 창고에 방치해 놓은 상태다. 냉장고에 곰팡이가 피지 않게 항상 전원은 켜져 있었다. 김치냉장고 문을 열었다.

'어! 저게 뭐지?'

제법 큰 통이 두 개 들어 있다.

'도대체 저게 무엇일까?'

미련은 넣어놓은 적이 없는데 큰 통을 열었다. 흡사 하얀 진눈깨비 싸리눈 같은 게 덮여 있었다. 동화 속에 나오는 난쟁이 마을에 하얀 눈 덮인 작은 동산을 보고 있는 것 같았다. 미련은 손바닥을 빗자루 삼아 조금씩 조금씩 쓸어 나갔다.

'이게 무얼까?'

그렇게 생각하다가 아뿔싸! 재작년에 시어머니께서 미련 몰래 담아놓고 간 포기김치라는 것을 알게 되었다. 미련은 뽀얗게 덮고 있는 것들을 쓸어낸 후 조심조심 한 포기씩 꺼내 보았다. 속살이 보이자 진달래 꽃송이처럼 보이는 한켠 안에 있는 빨갛게 잘

숙성된 묵은지들은 말짱했다. 2년이 넘도록 발효되어서 그런지 묵은지를 좋아하는 그녀에게는, 학교 다닐 때 묵은김치볶음과 소시지 부침, 계란후라이가 담긴 사각 벤또를 난로 위에 올려두었다가, 흔들어서 비벼 먹었던 추억을 떠올리게 할 만큼 환상적인 맛이었다.

걱정은 맨 위에 있는 백발 김치를 어떻게 처리하느냐가 숙제였다. 그 백발이 되어 있는 김치는 그냥 김치가 아니었다. 어머니는 가끔 아들 집에 오실 때마다 가게가 바빠 밥 먹을 시간도 없이 일하는 며느리를 안쓰러워한다. 자신이 해줄 수 있는 일이 그것밖에 없다며 오실 때마다 반찬을 몰래 만들어 놓고 가시는 우렁각시 시어머니! 그 백발 김치는 자나 깨나 자식들을 사랑하는 어머니의 천금 같은 마음이었다. 어느 무엇과도 바꿀 수 없는 큰 사랑의 표현이었다.

미련은 통 안쪽에 있는 맛있게 발효된 포기김치는

다른 통에 옮겨 냉장고에 넣어둔 후 마스크를 쓴 채 백발 김치를 바라보며 한숨을 연거푸 내쉰다. 하지만 그녀는 어머니의 사랑이 듬뿍 담긴 누룩과도 같은 그것을 절대 버릴 수는 없다.

'이것을 어떻게 해야 하지?'

그렇게 한참을 생각하다가 반팅이와 소쿠리를 챙겼다. 반팅이에 백발 우거지를 담아 싱크대로 가져갔다. 하나씩 하나씩 마치 빨래를 하듯 치댄 다음 수차례 반복해서 흐르는 물에 샤워를 시켰다. 이제 좀 때깔이 좋아졌다. 미련은 식초를 두어 방울 떨어뜨린 물을 펄펄 끓이고 씻어둔 김치를 퐁당 넣어 살짝 데쳐냈다. 그 다음 그것을 소분해서 비닐팩에 담아 한 덩이는 냉장고에 두고, 나머지는 냉동실에 넣어두었다.

이제는 다음이 걱정이다. 사실 이것을 어떻게 먹을지가 가장 난이도 어려운 숙제다. 미련은 음식을 만들고 먹는 일에 약간의 결벽증을 가지고 있다. 조금이라도 찝찝한 음식을 섭취하면 바로 탈이 나는 사람이다. 회, 뭉티기, 육회, 생굴, 탕탕이도 못 먹는다. 이것들을 먹는 순간 바로 응급실행이다. 신혼여행을 갔을 때도 선상에서 잡은 회를 먹고는 식중독에 걸려 1박 2일간 제주에 있는 병원에 입원해 신혼여행을 망쳤었다. 남편은 미련을 가끔 놀린다.

"사람이 말이야! 어렸을 때 검정 고무신에 물도 떠먹고 흙 묻은 손으로 음식도 주워 먹고 대충대충 컸어야 면역력이 있는데 너무 뽀시래기로 자라서 맨날 장에 탈이 나는 거야."

젊은 사람들이 들으면 큰일 날 소리를 하는 걸 보니 남편도 참 세대 차이 나는 옛날 사람임이 틀림없다.

미련은 생각했다.
'그래 김치볶음을 만들어 보자. 설마 큰일이야 나겠어?'

과감하게 팬에 기름을 두른 후 썰어놓은 김치를 한 번 볶은 다음 뜨거운 물을 자작하게 부어 헹구어 버린 후 본격적으로 김치볶음을 한다. 식용유를 두르고 준비된 김치를 넣어 볶아 코팅한 후 마늘 다진 것과 후추 조금, 소금 약간, 고춧가루를 넣고 볶은 뒤 깨소금과 참기름으로 마무리하니 먹음직스러운 김치볶음이 완성되었다.

남편은 돌을 씹어먹어도 아무 문제 없을 사람이고, 미련은 조심스럽게 김치볶음을 먹었다. 맛있었다. 그리고는 그날 밤 장이 폭죽놀이를 하고 밤새도록 놀자고 보채며 잠 못 들게 할까 봐 내내 불안했다. 다음날 아침, 점심, 저녁이 되어도 장에서는 아무런 신호를 보내오지 않았다. 이제는 안심이다. 결국은 냉동실에 넣어둔 김치까지도 다 요리해 먹었다. 그 귀한 백발 우거지김치를 하나도 버리지 않고 완벽하게 처리한 자신이 대견하다고 생각했다. 옛날 어르신들 말씀이 떠올랐다. 음식을 버리면 천벌 받는다는 말! 미련은 벌 받을 일이 하나 줄었으니 감사할 일이라고 생각했다.

며칠 후 어머님이 집에 오셨다. 그녀는 혼자만 속

으로 끙끙 앓고 있었던 곰삭은 김치 이야기를 자랑 삼아 어머님과 남편 앞에서 털어놓았다. 남편과 어머님은 노발대발하며 한바탕 난리가 났다.

"그냥 버리지 그것을 왜 먹었느냐?"

"그 김치가 얼마나 한다고! 식중독으로 병원에 입원했으면 어쩔 뻔했냐?"

그렇게 호되게 혼이 났다. 미련은 혼이 나면서도 너무 기분이 좋았다. 두 사람이 자신을 이렇게 끔찍이 아껴주는 마음에 찐 감동해 가슴이 뭉클했다. 고맙고도 너무 행복했다.

그 후 미련의 집에서는 이제 묵은김치를 볼 수 없다. 그녀의 남편이 김치가 떨어지기 전 어머님 집에 한 통, 본인 집에 한 통씩 갓 담은 김치를 주문 배달 시키기 때문이다.

# 자다가도 벌떡

어느 해 1월 1일 오전 10시경, 그녀에게 반가운 손님이 찾아왔다. 까치는 아무런 기별도 해주지 않았는데 멀리 포항에서 그녀를 찾아온 것이다. 그녀 부부와 열 살 이상 차이 나는 부부가 미취학 아들을 안고 새해부터 찾아왔기에 그들을 정말 반갑게 맞이했다.

양력 설날이라 많은 곳의 음식점이 임시휴업이다. 소문난 음식점과 영업하는 음식점을 겨우 수소문해 아점 식사와 커피를 대접하고 나니 갑자기 무거운 대화가 시작된다.

"여사님, 저희 즘 도와주세요. 제가 어린아이를 키워야 하는 가장인데 제가 도움을 요청할 사람이 여사님밖에 없어서 이렇게 집사람이랑 아이랑 함께 염치 불구하고 찾아왔어요. 저희를 좀 살려주세요"라고 하는 것이다.

"저희가 운영하는 부동산 사무소가 경기가 너무 나빠 월 80만 원의 매출도 올릴 수가 없어요. 먹고 살아야 하는데 큰일입니다. 다름이 아니고 여사님께 건축을 배우고 싶어서 찾아왔으니 집 짓는 방법을 좀 가르쳐 주십시오. 간절히 부탁드립니다."

그녀는 생각했다.

'이 사람이 우리에게 이런 부탁을 할 수 있을 정도의 절친이 아닌데 이게 뭐지?'

의아한 생각도 들었다.

'우리나라의 정서상 새해 1월 1일에는 친인척 외남의 집에 찾아가지 않는데 이건 정말 뭐지?'

그래서 그녀는 되물었다.

"부동산업을 하는 소장이니 우리 말고도 부탁할

남자 사장님들이 많을 텐데, 그분들에게 부탁해 봄이 더 낫지 않겠어요?"

"사람은 많은데 꼭 여사님에게 배우고 싶어요. 여사님이 지은 집들이 하자도 하나 없었고, 인테리어 스타일도 고급형이고, 그래서 저는 여사님을 제일 존경합니다."

그들이 가고 난 후 그의 아이와 아내를 생각하니 참 안됐다는 생각이 들어 밤새 잠이 오지 않았다.

'얼마나 힘들었으면 그리 가깝지도 않은 나에게 그런 부탁을 할까?'

많은 고민이 되었다. 남편은 그녀가 그들을 돕는 일에 반대한다. 평소에 형편이 어려운 사람을 그냥 지나치지 못하는 그녀가 이번에도 또 고집을 부릴까 내심 걱정이다. 그도 그럴 것이 건물 임대료가 일 년에 2,000만 원씩 들어올 때 그녀는 그랬다. 재계약서 쓰는 날!

"요즘 힘들죠? 첫 달 월세는 안 받을 테니 보내지 마요."

그녀가 보유한 건물의 전 임차인들에게 그렇게 말

했다. 그럴 때마다 남편은 그런 그녀에게 늘 불만이었다. 그녀는 말했었다.

"우리가 자수성가했는데 하늘이 다 우리에게 복을 줘서 성공한 거야. 우리가 남들에게 도움받아야 할 위치에 있지 않고 반대로 도움 줄 수 있는 위치에 있다는 것이 얼마나 다행이야? 하늘에 감사할 일이라 생각해."

말이라도 못하던 밉지는 않을 건데…! 진짜 똥고집 하나만큼은 국보급이다. 그 가족을 도와주자고 하는 그녀와 그럴 필요 없다는 남편이 가볍게 부부싸움을 했다. 남편 역시 그들의 모습이 눈에 밟혔는지 "그래 도와주자!"라며 기꺼이 허락했다. 그녀 부부도 그다지 좋은 상황은 아니었다. 사업하는 사람이기에 늘 빚을 안고 사는 형편이었지만 그 가족의 사정을 외면할 수단은 없었다.

며칠 후 "김 소장, 건축을 하려면 얼마의 총자금이 필요하며, 부족한 부분은 은행 대출을 활용하고, 초기 자금은 얼마가 들며, 어떠한 땅을 매입하는 것이

도면이 잘 나오고, 어떤 마음가짐으로 건축을 배워야 한다. 지금부터 내가 가르쳐 주는 모든 것을 메모하고, 내가 현장에서 투입하는 모든 공정과 인원과 나의 움직임을 메모해야 한다. 내가 가르쳐 주는 것은 하자가 생겨도 비교적 수선하기 쉽고, 적은 비용으로 보수할 수 있는 법까지 가르쳐 줄게"라며 말을 이어갔다.

"보통 건물을 지어줄 때 한 건당 얼마의 비용을 받지만 김 소장의 형편이 어려우니 한 푼도 받지 않으마."

김 소장은 그녀가 공사하는 대지 바로 옆에 땅을 매입하고 그녀에게 모든 일을 배우기 시작했다. 그녀는 처음부터 끝까지 김 소장의 다가구 건물을 지어주며 하나부터 열까지 가르쳐 주었다. 그녀 부부는 내복만을 입고 있는 것처럼 많은 것들을 노출시키는 기분이었다. 같이 있는 것만으로도 너무나 불편한 일이었다. 발가벗은 듯한 기분이 들 때도 가끔은 있었다. 돈이 부족하다는 김 소장에게 밥을 사주는 일은 다반사였다. 공사 파트너 업체에게는 "자금이 부족하니 우리 공사비 먼저 줄 터이니 저 친구 공사비는 조금 기다려 줘!"라고 배려해 주기까지 했다.

'어차피 도와주기로 마음먹었기에 다음부터는 혼자서 건물을 지을 수 있도록 가르치자.'

하나부터 백까지 어린아이에게 기역, 니은을 가르치듯 모든 노하우를 전수했다. 부부도 친족도 6개월 내내 같이 붙어 있기란 쉬운 일이 아닐진대 긴 시간 힘든 일이었다.

김 소장은 그녀 부부 덕에 5,000여 만 원의 건축비와 3개월의 기간을 절약했다. 그녀가 그 지역에 두 채의 공사를 하며 김 소장 건물을 공짜로 지어주었기에, 그만큼의 공사비와 기간을 절약하게 된 것이다. 드디어 건물은 완성되고 준공 서류를 접수했다.

그런데 다음날부터 그녀는 영문도 모르고 원망과 욕 세례를 받게 되었다. 하도급업체들이 그녀에게 전화를 걸어와서는 김 소장이 공사비도 주지 않으면서 뻔뻔하게 오히려 화를 냈다는 것이다. 그녀에게 김 소장 건물 공사비를 책임지라고 요구했다. 그 지역에서 건설하는 대표들이 하나같이 전화를 걸어와서는 원망을 퍼부었다. 어디서 인간 같지도 않은 놈을 데려와서 자기들에게 피해를 준다며 그녀에게 화를 냈다. 무슨 일인지 알아보니 하도급업체들이 김 소장 사례를 들며 공사비 중 큰 금액을 선지불해 달라 요구한다고 했다. 그녀는 많은 화살을 동시에 맞아야 하는 공공의 적이 되어 있었다.

그녀는 김 소장의 어려운 사정을 이해는 했기에 김 소장에게 말을 걸었다. "제가 어려워서 그랬으니 이해해 주세요"라고 말한다면, 괘씸해도 내심은 용서해 주고 도움을 줄 생각이었다. 하지만 그런 일 없다고 거짓말하며 뻔뻔하게 오히려 그녀에게 화를 내는 것이었다. 그날 이후 그녀는 배신감과 분노가 하늘을 찌를 만큼 커서 극도의 화가 치밀어 하루에도 몇 번씩 가슴이 조여들듯 아팠는지 모른다. 그녀의 남편은 "이런 일이 생길까 봐 반대했던 거야. 옛말에 검은 머리 짐승은 거두는 것이 아니라고 했어. 사람

마음이 우리 마음과는 달라"라고 말하며 그녀가 화병에 졸도라도 할까 봐 숨죽이며 눈치를 보았다. 그녀에게도, 김 소장에게도 화가 났을 텐데도, 든든하게 나무처럼 묵묵히 지켜봐 주었다. 그녀는 극도의 분노와 스트레스로 인해 매일 밤 날밤을 꼬박 새웠다. 잠시라도 잠이 들었을 때면 자다가도 벌떡 일어나곤 했다.

2주쯤 지났을까? 그녀는 새벽 3시경 자다가 다시 벌떡 일어났다. 거실로 나갔다. 그녀의 남편도 화가 치밀어 자다가 벌떡 일어났다고 했다. 부부는 이런저런 이야기를 이어갔다. 그녀가 말을 시작했다.

"자기야, 아무리 생각해 봐도 우리가 잘못한 일이 하나도 없는데 신은 우리에게 왜 이렇게 마음의 큰 고통과 경제적 피해를 주는 걸까? 어쩌면 김 소장의 인간성을 하루라도 빨리 알게 된 것이 우리에겐 더 잘 된 일일지도 몰라. 더 많은 기간 동안 베풀고 나서 이런 배신을 당했다면 우리의 건강에도 해로웠을 것이며, 경제적 피해와 배신감도 더 컸겠지. 이미 지나간 일이니 좋게 생각하자. 우리가 운이 나빠 이런 일을 겪은 거라면 더 큰 손해를 볼 수도 있었을 건데 그나마 다행이라고 낙천적으로 생각하자. 신이 우리에게 더 큰 상을 주기 위해 시험하는 것인지도 몰라. 쟤들이 상을 받을 만한 자격이 있는 애들인지 말이야. 우리가 잘한 일은, 김 소장이 못한 일은, 각각 상과 벌로 돌아올 거야. 지금부터는 기쁜 일이 생길 것을 기대해 보자. 도대체 얼마나 좋은 일이 생기려고…"

그녀가 말을 끝내자 남편은 이렇게 말했다.

"고마워. 나는 당신이 화병으로 갑자기 쓰러질까봐 많이 걱정했는데 그렇게 마음을 빨리 추슬러 줘서 정말 고마워. 당신 참 대단한 사람이야. 이리 와 봐!" 하면서 꼭 안아주었다. 이렇게 부부는 사람을 원망하는 마음과 배신의 상처인 지옥에서 벗어났다. 그녀 부부는 고비가 있을 때마다 꼭 누가 지켜보고 도와주는 듯이 일이 술술 풀렸다.

10여 년이 흐른 뒤 김 소장의 소식을 듣게 되었

다. 다른 지역에 가서도 그녀 부부에게 했던 것과 똑같이 처신하는 바람에 주변 사람들 모두에게 왕따당하며 사람 취급도 못 받는다고 했다. 건물은 짓고 있지만, 여전히 경제적으로 어려운 상태라고 했다.

　그녀는 가끔 하늘을 바라본다. 그녀가 어릴 때부터 '사람이 살면서 남에게 원망 들을 일은 하지 말라'고 하신 아버지의 말씀이 떠올랐다. 그 이유는 피해당한 사람들의 원망과 욕이 하늘에 닿아 비처럼 부메랑이 되어 가장 어려울 때 돌아온다는 말! 어릴 때 자장가처럼 들었던 그 말씀이 옳았음을 새삼 느낀다. 그녀는 기도한다. 그녀에게 피해를 준 사람들이 별 탈 없이 잘 살게 해달라고!

　이런 일들을 겪으면서 사람의 내면이 조금씩 성장하는 것 같다. 더 큰 어려움이 찾아오더래도 근사하게 이겨낼 수 있지끔 진짜 어른이 되어가는 과정이란 생각을 한다. 그러기에 정말 잘 살아야 하고, 힘든 일들도 감사하게 생각하며 살아야 할 이유이다.

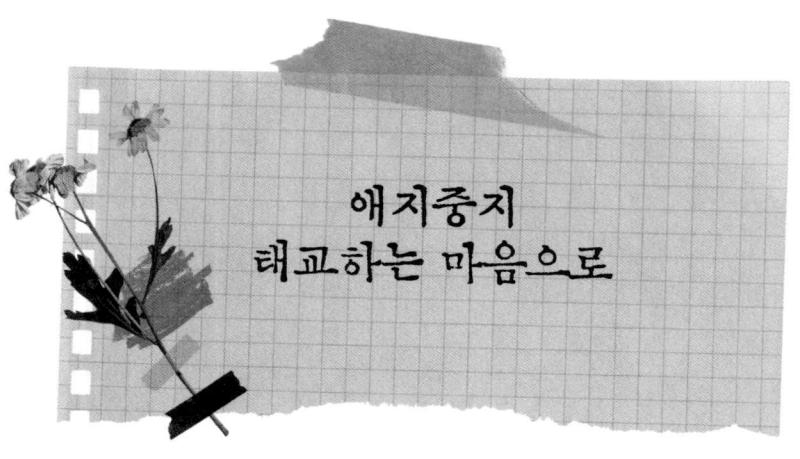

## 애지중지
## 태교하는 마음으로

나이 육십이 다 되어가던 해의 어느 날, 그녀가 그리도 그리워하고 생각만 해도 숨이 멎을 정도로 짝사랑했던 첫사랑, 그의 아이가 자라고 있다. 너무 웃기는 것은 손만 잡고 살짝 딥키스만 하고는 그 후로 아무 일도 없었음에도 입덧을 하고 있다는 것이다. 상상임신이었다.

하지만 그날을 잊을 수 없다. 매일 밤 그의 축축한 입술의 감촉과 풍덩 빠지고 싶은 호수를 닮은 그의 눈빛과 벗어나고 싶지 않은 그의 품을 그리워한다. 눈바람 날리는 추운 겨울밤 시골집 안방의 구들장 아랫목에 깔아놓은 할머니의 낡은 솜이불처럼 포근한 그의 품이 더욱더 그리워질 뿐이다. 눈 깜짝할 사이 종잡을 수 없이 스피드하게 그런 큰일이 일어났다.

만날 사람은 어디서든 꼭 만나게 되어 있고, 인연은 하늘이 맺어준다는 말처럼 이것이 바로 인연인가 보다. 그녀는 첫사랑 그와 단둘이 행글라이더를 타고 하늘을 날고 있는 것처럼 황홀하다. 그러면서도 한편으로는 조심스럽고 겁이 난다,

이 글을 읽다가 어느 독자는,
"저 아주머니 이제 육십이면 요즘 시대 말로 새댁이나 매한가지인데 벌써 노망이 들었구먼! 참 안됐다, 쯧쯧! 그 늙은 나이에 바람이 나서 다른 사람의 아이를 가진단 말이야? 단단히 미쳤구먼! 아직 한창 나이인데 불쌍해서 어째! 벌써 저쪽 나라 갈 때가 다 되었나 봐! 늦바람 제대로 났구먼!"

이렇게 별별 상상을 다 할 것이다. 맞다! 그녀는 지금 외도 중이다.

그녀의 본업은 사업이다. 취미로는 글을 쓰고 있다. 어릴 때부터 책 읽는 것과 글 쓰는 것을 좋아하는 그녀는 문학소녀였다. 어느 날 그녀가 운영하는 카페에 여성 손님 한 분이 오셔서 커피 찌꺼기가 필요하다고 하였다. 그녀가 자리를 비운 사이 아들이 커피 찌꺼기를 비닐봉지에 담아주었다고 했다. 그녀는 부엌일을 하던 중 커피 찌꺼기가 손님의 정원에 따라간 후부터 미래에 일어날 일들을 혼자서 상상한다. 설거지를 하다 말고 두 시간 동안 마치 자신이 커피 찌꺼기로 빙의한 듯 글을 쓰기 시작했다.

그때부터 그녀는 글을 쓰는 일과 깊이 사랑에 빠져버렸다. 헤어 나올 수 없을 만큼 중독되었다. 그녀의 수필(커피 찌꺼기) 작품을 아무 생각 없이 지인에게 읽어주었다. 지인은 재능이 아깝다고 말하고는 글을 제대로 써보라고 권유하며, 타이어에 바람을 불어 넣듯 펌프질을 했다. 그녀는 정성스레 쓴 글을 수정하고 교정한 수필작품 두 편을 때마침 신인상 공모 중인 문단에 제출하였다. 그리고 그녀는 역사가 깊은 문단에서 신인문학상을 수상하였다. 마치 로또 당첨과도 같은 큰 행운이었다.

그녀는 그냥 늘 하던 대로 어렸을 때부터 좋아하는 일을 취미로 했을 뿐인데 등단해서 작가가 되었다. 문인은 하늘이 내린다는 말이 바로 그녀 같은 사람을 두고 하는 말인 것 같다. 그녀는 글 쓰는 법에 대한 이론을 체계적으로 배운 적이 없다. 학교 다닐 때 수업 시간에 배운 짧은 지식으로 몇 번 상장을 받은 일이 전부다. 그 이후로는 살아가면서 힘들 때나 즐거울 때나 메모하듯 일기 형식으로 끄적거렸다. 많이 힘들 때면 작고 하얀 백지 위에 모든 것을 토해냈다. 그 습관은 그녀의 캄캄하고 아픈 마음을 음지에서 양지로 공간이동을 시켜주었다.

살아오면서 주변에서 책을 써보라고 여러 번 권

유를 받았었다. 그렇지만 자신과는 상관없는 일로 가볍게 생각했다. 그 이유는 먹고 살기에도 바빠 일하는 데 모든 에너지를 쏟다 보니 시간적으로도, 정신적으로도 여유가 없었고, 또 하나는 자신의 글쓰기 실력이 감히 책을 쓰는 일에 도전할 용기조차 가지지 못할 만큼 많이 부족하다고 생각했기 때문이었다. 그랬던 그녀가 글을 쓰는 일에 한순간에 감전이 된 것이다. 어렸을 적부터 가슴 한구석에 품고 동경해 왔던 그녀의 꿈! 작가가 되고 싶었던 꿈! 그 꿈을 천둥 번개처럼, 우연히 다가온 커피 찌꺼기가 일깨워 준 것이다.

그녀는 등단작가가 된 후 첫 단독 수필집을 집필 중이다. 매일 비장한 각오를 한 후 목욕재계하고 글을 쓴다. 2025년 가을이면 태어날 늦둥이 생각에 흠뻑 빠져 있다. 온 정성을 다해 애지중지 태교하는 마음으로 글을 쓴다. 착한 생각과 예쁘고 좋은 생각을 하려 노력하고, 매일 매일 책을 읽고 좋은 음악을 들으며 곧 태어날 아이가 건강하게 태어나기만을 간절히 기도한다. 마치 아이를 잉태한 임산부처럼! 만감이 교차한다. 모든 것이 다 좋다. 미숙아라도 좋다. 다만 태어나는 아이가 이 세상에 선한 영향력을 줄 수 있으면 좋겠다는 바람을 가져본다.

매일 밤을, 매일 낮을, 매일 아침을, 매 순간을 아이를 위해 기도한다. 선물처럼 찾아온 그저 예쁘기만 한 늦둥이 아이 이름은 뭐라 지어야 할까? 그 아이가 태어나서 사람들에게도 환영받아야 할 텐데… 별처럼 빛나지 않아도 좋다. 눈 둘, 코 하나, 귀 둘, 입 하나면 된다. 손가락 열 개, 발가락 열 개면 된다. 못생겨도 좋다. 팔삭둥이여도 좋다. 조금 미숙하다 하더래도 그녀는 엄마이기에, 귀하고 소중한 아이를 믿어야 하고, 조건 없이 보호하고 사랑할 의무와 책임감이 있다. 무조건적 사랑이다. 그녀에게는 최고의 생명이며, 최고의 존재이다. 엄마는 강하고 위대하니까! 누가 뭐라 해도 변함없는 사랑을 아이에게 줄 것이다.

## 통통 부은 발
## 동동 구르고

    1999년 무덥고 비가 오는 여름날, 청춘남녀가 결혼했다. 현재는 결혼 적령기가 따로 없다지만 그들이 결혼할 때 그때는 지금과는 달랐다. 30세가 넘어서도 결혼을 못하면 지인들과 가족들의 잔소리를 듣고 집에서도 눈칫밥을 먹어야 했다. 두 사람은 늦은 나이에 만났지만, 그들의 눈에 콩깍지가 씌어 있는 바람에 뜨겁게 불타올랐다. 농담 삼아 서로를 구제해 준다며 결혼을 하고 맞벌이를 하며 살고 있다. 항상 깨소금 냄새와 참기름 냄새가 울타리 넘어 옆 동네까지 사방으로 퍼질 정도다. 처음 이 동네에 오는 사람이라면 근처에 수제 참기름 짜는 집이 있나 보다 착각할 것이다.

이 부부에게 허니문 베이비가 생겼다. 남편은 프리랜서이고 아내는 패션 브랜드 점장으로 근무 중이다. 어느 날 아침 출근 준비를 하는데 임신 중인 아내가 배를 움켜쥔 채 하혈을 하며 쓰러진다. 유산이었다. 두 사람은 한마음이 되어 함께 슬퍼하고, 함께 울었다. 그리고 아내는 회사에 사직서를 냈다. 몸과 마음의 상처가 치유되고 나면 다시 아이를 가지는 일에 집중할 생각이다. 하지만 아내의 회사에서는 대체 근무할 직원을 채용하지 않고 사직서 수리를 미룬 상태로 몸이 회복되면 다시 출근하기만을 3개월째 손꼽아 기다리고 있다. 아내는 자신 때문에 회사에 피해가 생기는 것에 대한 미안함에 큰 부담을 안고 있다. 몇 개월이 더 지나고 나서야 회사는 오래전 제출한 사직서를 수리했다. 부부는 힘겨운 경제 여건이지만 시부모님 집을 포함해 두 집 살림을 이끌어 나가야 한다. 부부의 어깨는 무거웠다.

서로 사랑, 진실한 마음, 사람 됨됨이 이외에는 어떤 조건도 따지지 않고 결혼한 순수한 이 부부는 집을 마련할 때까지 계속 맞벌이를 해야 한다. 보증금 1,500만 원, 월 임대료 25만 원, 관리비 15만 원인 22평형 임대아파트에서의 행복하지만 불안한 신혼생활! 프리랜서인 남편의 월수입은 불규칙하다. 눈앞은 안개가 가득해 희미하고 험난한 길이 예상된다.

　아내는 무리해서 적금통장을 4개나 만들었다. 80만 원짜리 1개, 20만 원짜리 1개, 10만 원짜리 2개, 10만 원짜리는 비상금 용도이다. 남편의 수입을 월 평균으로 나누어 보니 매월 200만 원이다. 지출부터 하고 나면 저축하기 힘들겠단 생각에 일부터 저지른 것이다. 예상 지출액을 따져보니 적금 120만 원, 주거비 40만 원, 차량유지비 30만 원, 식비 50만 원, 매달 제사비용 30만 원, 세금, 기타 예비비 등 첫 달부터 적자 가계부이다.

　이들은 결혼 전 모아두었던 예금으로 부족한 금액

을 매달 메꾸어 가며 생활한다. 무슨 일이 있어도 절대 정기적금만은 깨지 않을 것이라고 마음먹었다. 1년이 지났다. 이제 6개월 후면 예금통장도 바닥이 날 것이다. 아내는 일을 다시 해야 한다. 머이저급 회사 몇 곳에서 러브콜을 보내왔다. 하지만 아이가 생기면 또 잘못될 수도 있다는 두려움에 좋은 직장을 알아볼 꿈도 못 꾼다.

어떤 방법이 있을까? 고민하다가 많은 대화 끝에 남편을 겨우 설득시키고 난 후 재래시장으로 갔다. 반찬장사를 하기 위한 노점용 리어커를 주문 제작했다. 생각해 보니 현재 상황에서 본인이 할 수 있는 일은 노점밖에 없다고 판단한 것이다. 그 일만이 임신 진단을 받는 즉시 조금의 부담도 없이, 누구한테도 피해 주지 않고 일을 접을 수 있는 자유가 있으니 말이다.

남편은 고집 있고 애교쟁이인 행동파 아내의 말에 못 이기는 척 따라줄 수밖에 없다. 이제 앞으로는 매일 매일 12가지의 반찬을 만들어야 한다. 만드는 양 또한 어마어마하다. 통배추(5~8포기), 깍두기(무 10개), 쪽파(6단), 오이(1박스), 장조림, 멸치볶음, 기타 밑반찬, 얼갈이배추(1포대) 이렇게 많은 종류와 그 많은 양의 반찬을 혼자서 매일 저녁부터 새벽까지 만들고, 낮에는 노점에서 장사까지 해야 하니 하루 3~4시간밖에 잠잘 시간이 없다. 장사 수완도 좋아 겉절이 양념을 따로 준비해 가져와 즉석에서 버무렸다. 그래서인지 김치가 맛있다며 20분씩 승용차를 타고 와 재구매하는 손님도 많았다.

초가을부터 시작된 장사는 이듬해 여름이 시작될 무렵까지 계속되었다. 밤에 남편이 도와주어야 할 정도로 장사는 대박이었다. 남편은 고생하는 아내에게 이러한 말밖에는 할 말이 없다.

"미안해. 내가 돈을 많이 못 벌어서 당신을 너무 고생시키는 거 같아 정말 미안해."

이 말을 들은 아내는 되려 웃으며 이렇게 말한다.

"괜찮아. 우리는 아직 젊잖아? 돈은 많이 벌 때도

있지만 적게 벌 때도 있는 거지 뭐. 나는 자기가 100만 원을 가져오든, 50만 원을 가져오든 그 금액에 맞추어 살림할 수 있으니 아무 걱정하지 마. 형편이 어려우면 반찬 수를 줄이면 돼. 조금 어렵다고 목구멍에 거미줄 쳐서 죽진 않잖아?"

이렇게 말해주는 아내가 고맙긴 하다만 남편은 아무리 생각해도 이해가 되지 않는다. 좋은 직장을 다닐 수도 있으며, 저축한 예금과 남편 수입만으로도 편안한 신혼생활을 즐길 수 있는데 무슨 생각인지!

남편의 생각에는 안 해도 되는 고생을 스스로 사서 하는 이 사람을 도무지 이해할 수가 없다. '조금 하다가 힘들면 곧 그만두겠지!'라고 생각했다. 그러나 아내의 계획은 달랐다. 아이가 생길 때까지는 계속할 생각이다. 친정엄마를 닮아 환경이 어려워질수록 더욱더 강해지는 그녀는 인생의 주인공은 자신이기에 스스로 설계하고 발전시킬 수 있다고 생각한다. 남들의 시선과 오해 따위는 전혀 신경 쓰지 않고 오직 신 앞에 진실하고 떳떳하면 된다고 생각한다.

"자기야, 앞으로 3년간 적금 만기까지 충당할 금액은 충분히 모였어."

이 말을 들은 남편은 '바로 이때다! 어떻게 해서든지 장사를 그만두게 해야지! 무슨 일이 있어도 저 황소고집을 반드시 꺾고야 말겠어!' 남편은 마음을 단단히 먹었다.

사실은 지금까지 매일 밤 아내의 퉁퉁 부어 있는 발을 주물러 주었다. 그때마다 남편의 가슴은 찢어질 듯 아리고 아팠다. 남편은 아무도 모르게 가슴으로 울었다. 남편의 형용할 수 없는 그 마음을 어찌 헤아릴 수 있으랴! 남편은 언젠가부터 출근도 하지 않고 아내 옆에 매미처럼 붙어 있다. 웃는 얼굴을 하고 상냥한 목소리로 지나가는 사람 사람마다 "방금 버무린 겉절이 맛있으니 맛보고 가세요." 하며 호객행위까지 하는 아내를 보고 있자니 쥐구멍에라도 숨고 싶었지만, 한편으론 그런 아내가 참으로 대단하다는 생각이 들었다. 남편은 "당신이 그만둘 때까지 나는 절대로 출근하지 않을 거야"라며 반 겁박을 한다. 옆에 서서 온종일 아내를 어르고 달랜다. 그만 정리하자고 화도 내보며 발을 동동 구른다.

그러기를 열흘째 되는 날, 이제는 자신의 발까지도 퉁퉁 부을 지경이다. 이 모습을 지켜보던 사람들은 서로 권리금을 더 줄 터이니 자기에게 리어커를 팔라며 경쟁하듯 조건을 제시한다. 애걸복걸하는 남편의 성화에 못 이겨 결국은 리어커를 팔고 노점장사를 그만두었다. 그리고 부부는 아이를 갖기 위해 산부인과에 갔다. 그런데 아내는 이미 임신 초기였다. 아이는 정상이었다. 축복이었다. 노점장사를 그만두지 않았으면 또 큰일 날 뻔했다. 정리하기 참 잘했다. 둘은 서로에게 고마운 마음을 전하고 축하하며 기뻐했다.

아내가 노점을 했던 장소는 어느 은행 앞이었다. 일주일쯤 지났을까? 반찬장사를 하는 사람이 보이지 않는다. 너무 힘들어서 일주일 장사하고 때려치웠다고 했다. 부부는 단기된 적금을 찾고 대출을 받아 새로운 사업을 시작했다.

'그래 우리는 무슨 일이든 힘을 모으면 다 이루어 나갈 수 있어. 모든 것은 마음먹기에 달려 있어. 생각도 중요하지만 실행도 그만큼 중요한 거야.'

'백 번 천 번을 생각해도 도전하지 않으면 아무 일도 일어나지 않아.'

두 사람의 사업은 승승장구했고, 현재까지도 사업은 진행 중이다.

현재 이 글의 주인공 부부는 반찬장사를 했던 그 장소 앞 은행의 우수고객이 되어 있으며, 많은 이들의 부러움의 대상인 건물주가 되어 있다. 이 부부의 과거처럼 사람은 누구에게나 힘든 시절이 있다. 그 시기를 어떤 생각, 어떤 마음과 자세를 갖고 극복하느냐에 따라 그의 인생은 180도 달라진다 할 것이다.

# 제6장

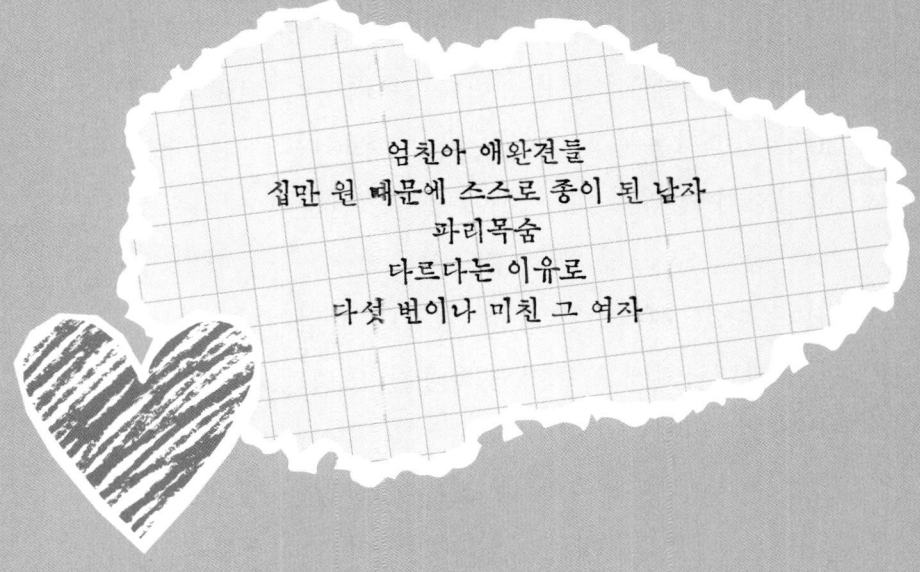

엄친아 애완견들
십만 원 때문에 스스로 종이 된 남자
파리목숨
다르다는 이유로
다섯 번이나 미친 그 여자

## 엄친아 애완견들

2025년 현재 대한민국 반려동물 양육 인구가 1,500만 명에 달한다고 한다. 우리나라 인구의 약 30%가 반려동물을 키우고 있다. 우리나라 속담에는 '개팔자가 상팔자'라는 말이 있다. 단순한 해석으로 개는 종일 일도 안 하고 놀면서 주인이 주는 밥만 받아먹는다고 해서 옛적부터 있었던 속담이다. 그 속담은 현대사회에도 그대로 적용된다.

우리 부부가 산책할 때 보면 애완견을 데리고 산책 나온 이웃들, 애완견을 훈련시키는 이웃들을 자주 만나곤 한다. 멋스러운 헤어스타일을 하고 알록달록 형형색색 인형처럼 예쁜 디자인의 옷을 입고 있는 아이들, 아마도 그들의 옷장에는 나의 옷장보다 더 화려하고 많은 옷이 걸려 있을 것이다. 나는 알레르기가 심해 그 아이들의 근처에도 갈 수는 없지만 보기만 해도 정말 예쁘다. 내가 알레르기만 없었다면 나 또한 애완견을 예쁘게 키우며 자식처럼 물고 빨고 했을 것이다. 다른 부모들보다 더하면 더했지 덜하진 않았을 것이다.

애완견 전용 호텔과 전용 병원이 있는가 하면, 애완동물들의 카페와 전용 펜션까지 있는 현실이다. 애완견 전용 미용실은 기본이고, 애완견 전용 운동기구들, 장난감, 유기농 간식과 음료, 샴푸, 린스, 전용 염색약까지 다 있다. 내 팔자보다 좋은 팔자를 타고난 것만큼은 사실인 것 같다. 진짜 개팔자가 사람 팔자보다 낫다는 말이 잘도 어울리는 현대사회에 딱 맞는 속담이다. 나는 호텔에 몇 번 가보지도 못했는데 그 아이들이 부럽게 생각될 때도 있다. 애완견 화장 장례식장까지 등장하는 세상이다. 펫 보험도 있다. 선진국에서는 부모의 재산을 상속받는 일도 있다고 한다.

아마도 머지않아 '애완견'에게 인간의 말을 가르치는 학원이 등장하거나, 애완견 전용 프로포즈 이벤트 공간 또는 애완견들의 돌잔치 이벤트 공간 대여점이나, 럭셔리한 시설의 애완견 전용 결혼식장까지도 등장하지 않을까? 하는 생각도 조심스레 해본다. 설마 애완동물 육아 휴직까지 달라고 직장에 요구하는 일까지 생기는 건 아니겠지? 그러면 이 세상이 진짜 개판 되는 것이고!

이 모든 애완동물과 관련된 산업이 발달한 이유는 우리네 사람들이 돈을 벌기 위한 수단으로 사업 아이템을 개발하고 발전시켜 투자하고 확장했기 때문일 것이다. 결국은 사람을 위한 선택이다. 애완동물과 더불어 살아감으로써 외로움과 적적함이 조금이나마 해소되고 위로받기에 아주 좋은 대안인 것은 틀림없는 사실이다. 나와 가족처럼 지내는 친한 동생은 포메라니안 두 마리를 키우고 있다. 그 아이들의 이름은 라비와 수야다. 얼마나 사랑을 듬뿍 주는지 나는 농담 섞인 말을 하곤 한다.

"내가 다시 태어난다면 너의 애완견으로 태어나고 싶다!"

"언니, 대환영이야. 내가 특별히 더 잘해 줘야지."

우스갯소리로 한 말이지만 말이 씨가 된다고 진짜 그리 되면 큰일인데! 하며 한바탕 웃었다.

그건 그렇고 지금부터 사회에서 소외된 아이들의 아픈 이야기를 해보려 한다. 아쉬운 점들이 참으로 많다. 바로 '식용견'이라는 명찰을 달고 키워지고 있는 아이들을 생각 안 할 수가 없다. 50만 마리의 생명이라고 한다. 직업에 귀천이 없듯 생명에도 귀천이 없을진대 그들의 살아있는 영혼의 두려움은 상상조차 할 수 없을 것이다.

개식용종식법이 2024년 2월 통과되었다. 3년의

유예 기간을 두고 정리 기간을 준 셈이다. 현재까지 그들은 식용개라는 이름으로 시한부의 삶을 살아가고 있다. 그들을 위한 법안이 추가 마련되어 가급적이면 상처를 덜 받고 잘 해결될 수 있도록 그들에게도 좋은 소식이 있으면 한다.

또 다른 아쉬운 점들이 있다. 산책로를 걷다 보면 개 몸에서 나온 노란색 덩어리(개똥 덩어리)가 여러 군데 뒹굴어 다닌다. 주인이 풀숲에 데리고 들어가 볼일을 보게 하는 광경을 드물게 목격할 때도 있다. 애완견을 자신들이 진정으로 사랑하는 가족이라고 생각한다면, 부모라면 그 아이들이 손가락질 당하지 않고, 욕을 얻어먹지 않도록 관리를 잘했으면 하는 생각이다.

며칠 전의 일이다. 사람들이 많이 지나다니는 상가 앞 출입구 통로 한가운데에 음료수를 쏟았는지 노란 물이 고여 있었다. 냄새를 맡아보니 개 오줌 갈긴 냄새가 진동한다. 향기가 진한 세제를 풀어 거품을 낸 걸레로 몇 번을 닦아내고 소독을 하고 나서야 냄새가 없어졌다. 남편은 여러 차례 청소하며 한마디 했다.

"이 개놈의 자식이 사람 다니는 건물 바닥에 오줌을 갈겼으면 치우고 가던지! 네놈이 버리고 간 것을 왜 내가 몇 번씩을 치워야 되는 거니?"

옆에서 들어보니 개한테 욕을 하는 건지, 개를 키우는 부모에게 욕을 하는 것인지 알 수가 없었다. 우리 마당에 그들이 버린 덩어리 등을 치우는 일은 주중 행사 수준이니 화가 날 만도 하다.

얼마 전 어느 무인호텔을 이용한 손님과 사장이 쓴 글을 읽게 되였다. 애완동물 입실금지인 무인호텔이 있다. 이 호텔을 이용한 고객들이 평가하는 평점은 늘 5점 만점이고 칭찬 일색이다. 이 후기란에 1점 테러를 한 손님이 있다. 불만사항은 이런 내용이다. 연인인 두 사람이 8개월짜리 아기 한 명과 같이 입실했는데 주인이 불친절했다는 이유이다. 나중에 사실을 알고 보니 아기 한 명이 아닌 한 마리였다고 한다. 웃기는 일이다. 그 이유로 내보내야 했지만, 손님을 쫓아낼 수는 없어 다른 객실로 바꾸어 준 것이라고 한다. 그 아이들에게 정성과 사랑을 쏟는 만큼 애완동물을 키우는 가족들의 매너와 양심과 인격도 업그레이드되면 좋겠다는 생각이 들 때가 한두 번이 아니다.

또 한 가지 꼭 집고 가야 할 사회 문제가 있다. 처음에는 가족으로 입양되어 사랑을 듬뿍 받고 자라다가 무슨 이유에서인지 가족에게 배신당하고 버려지는 '유기견'들이 우리의 마음을 아프게 한다. 가끔 국도변을 운전하고 가다 보면 이런 아이들이 야생생활을 하다가 로드킬 당해 있는 현장을 목격한다. 어떤 경우는 길을 가고 있는 사람을 공격해 치명상을 입히는 경우도 종종 발생한다.

몇 달 전의 일이다. 우리 가게 앞에 다리에서 피가 흐르고 있는 새끼고양이가 걷지도 못하고 쓰러져 있었다. 나는 종이박스 안에 고양이를 옮겨 놓았다. 우유를 미지근하게 데워 먹이고 참치캔을 사다가 혹시나 캔의 모서리에 베일까 걱정되어 옆에 종이를 깔고 고양이 밥으로 놓아주었다. 그리고는 응급구조대에 신고하고 인수인계해 주었던 경험이 있다. 나는 동물 애호가도 아니고, 알레르기가 심해 동물을 무지 싫어하는 사람이다. 그렇지만 아무리 하찮게 여겨지는 생명이라도 귀한 생명이기에 사람들도 나처럼 이렇게 구조할 것이다. 이렇게 사람들의 의식도 과거와는 많이 달라졌다.

요즈음 신세대들 사이에서 유행하는 신조어가 있다. 개멋짐, 개예쁨, 개이득, 개꿀, 개꿀잼 등 신세대들이 쓰는 은어(비속어)이다. 586세대인 우리에게 적응이 쉽지는 않다. 도대체 무슨 뜻인고 해서 '개꿀'이란 단어를 어학사전에서 찾아보았다. '개꿀', 벌통에서 떠낸, 벌집에 들어 있는 상태의 꿀이란 뜻이었다. 개꿀은 얼마나 달고 맛있을까? 신세대 아이들에게 어떤 뜻인지 물어보았다. '너무너무'라는 말을 '개'라는 한마디로 줄여서 다른 단어들과 합성해서 쓰는 신조어라고 한다. 개를 얼마나 이뻐하고 좋아하면 이런 말들이 유행하는 것일까? 그렇게 좋아하고 사랑하는 마음의 크기만큼 책임지는 마음과 자세도 가져야 하지 않을까?

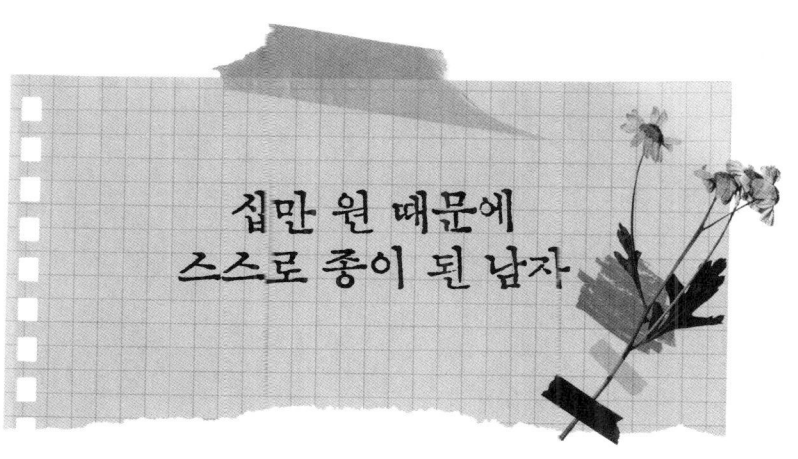

# 십만 원 때문에 스스로 종이 된 남자

 우당탕 쿵쾅! 형틀 목수의 망치 소리와 쒸리릭 쒸릭! 철근 시공자의 철근 절단하는 소리가 어수선하게 들린다. 건설 현장에서 안전모를 쓰고 총괄 감독하며 지시를 내리는 그녀는 오늘따라 엄청 화가 많이 나 있다.

 "지금 뭐하자는 거예요? 누가 술 마시고 현장 와서 일하라고 했어요. 짐 챙겨서 당장 현장에서 철수해요. 반장님, 잠깐 저 좀 봐요. 저이는 앞으로 항상 음주 체크한 다음 현장에 투입시키고 오늘은 바로 집에 보내세요."

그녀의 말투는 강한 어조였고, 여러 사람이 그녀를 동시에 쳐다볼 정도로 목소리는 쩌렁쩌렁 건설 현장이 떠나갈 것 같았다. 이유인즉 오늘부터 한 달가량 그녀 현장에 투입된 김 씨가 오전 새참 시간에 술을 마셨는지 술 냄새를 풍기며 그녀 옆을 지나간 것이다. 그녀는 작업반장을 다시 불렀다. 5만 원짜리 두 장을 건네며 말했다.

"김 씨가 아무리 큰 잘못을 해서 사장인 나에게 혼이 났다 하더라도 새파랗게 젊은 여자한테 사람들 보는 앞에서 호되게 혼이 났으니 자존심이 많이 상했을 거예요. 김 씨 데리고 가서 안주 걸판지게 시켜 술 한 잔 사 먹이면서 잘 달래준 다음 집에 보내요. 그리고 앞으로도 술 마신 사람은 절대 현장 출입 금지이니 인부들 관리 잘하세요."

그날 이후 김 씨는 일주일 동안 현장에 보이지 않았다. 8일째 되는 날 아침부터 김 씨가 여사장에게 면담을 요청했다.

"전에 제가 정말 큰 실수를 했습니다. 이제 정신 바짝 차렸습니다. 사장님 덕분에 술 끊었습니다. 작업반장한테 몇 년 동안 사장님과 일하면서 그렇게 화난 모습을 몇 턴 못 봤다고, 화가 많이 났는데도 술값까지 챙겨주셨다고 전해 들었어요. 저같이 보잘 것없는 사람 마음 헤아려 주고 챙겨주셔서 정말 감사드립니다."

그 후 김 씨는 정말 한 모금의 술도 입에 대지 않았다.

일 년여의 시간이 흘렀다. 그녀는 다음 공사 현장에서 김 씨를 다시 만났다.

"사장님, 제가 기계팀의 팀장이 되었습니다. 앞으로 언제든지 잡부가 필요하면 저를 불러주십시오. 돈은 안 받아도 되니 사장님 호출이면 어떤 일이든 제 할 일 다 해놓고 시간이 남는다면 무조건 달려오겠습니다."

그녀는 김 씨가 인사치레로 하는 말이겠거니 생각하고 그냥 흘려들었다. 한 달여가 지난 어느 날, 오늘은 그녀 공사 현장에 잡부가 꼭 필요한 날이다. 주차장 블럭 공사를 하고 남은 짜투리 일이 제법 남아 있다. 내일부터 며칠간 장마 예보다. 어떤 일이 있어도 오늘 중에는 끝냈어야 했는데 이 난감한 상황을 어쩌나 걱정하던 중에 혹시나 해서 그녀는 김 씨에게 도움을 청했다. 김 씨는 팀원들과 함께 와서 늦은 시간까지 마무리해 주었다. 그녀는 인건비 봉투와 별개로 십만 원을 건네며 "집에 가는 길에 토끼 같은 아이들, 여우 같은 마누라에게 치킨이랑 피자라도 사다 줘요. 오늘 정말 수고 많았고 고마웠어요"라고 인사를 건넸다. 그녀는 천군만마를 얻은 기분이었다.

어느새 김 씨와 여사장 두 사람에게는 주종관계만이 아닌 서로의 입장과 마음을 이해하고 챙겨주는 끈끈한 인정이 형성되어 있었다. 그 후로도 몇 년 동안 그녀의 건설 현장에서 많은 짜투리 일이 생길 때마다 김 씨는 자처해서 도왔다. 일 년여쯤 지난 어느 날 말끔한 양복 차림을 한 김 씨가 그녀의 현장 사무실에 방문했다. 여사장에게 명함 한 장을 건넸다.

'철거업체 대표 김○○'

"앞으로 사장님 공사 현장에서 나오는 모든 쓰레기와 폐기물 처리는 저에게 맡겨주십시오. 금액은 특별히 잘해 드리겠습니다."

그렇게 말하는 김 대표에게 여사장은 덕담을 건넸다.

"사장님 되신 걸 축하드려요. 공사 현장에서 일하는 인부들이 거칠다는 인식, 노가다 또는 일용직 잡부들이 강짜를 부린다는 인식, 다 예전 말이지 지금은 시대가 많이 달라졌다 생각해요. 어떤 마인드를 가지고 일하느냐 아닐까요? 현재는 인품 좋은 엘리트들도 많고, 전문직이나 매한가지인 걸요. 대표님 되신 걸 축하하는 의미로 오늘 일 끝나고 소주 한 잔 사드릴까요?"

"사장님, 이제 저 술 냄새도 못 맡아요. 술도 안 먹어 버릇하니까 몸이 거부해서 이제 한 모금이라도 마셨다가는 일어나지도 못하는 걸요."

사장이 말한다.

"우리 남편은 애주가인데 저는 원래부터 술을 못 마신답니다. 농담 한마디였어요. 하하."

두 사람이 대화하는 내내 살짝 열려 있는 창문 틈 사이로 햇살이 눈부시게 비치고 있었다.

## 파리목숨

　어두컴컴하고 큼큼한 냄새 가득한 암흑가에서 태어나고 자란 그가 먹이를 찾을 겸 화려한 도시 구경을 좀 해보겠다고 친구들과 집을 나섰다. 긴 터널을 뚫고 나온 뒤 넓디넓은 사막을 지나고 울창한 숲으로 우거진 협곡 위를 고차원의 기술을 가진 파일럿Pilot처럼 자랑이라도 하듯 비행한다. 스릴thrill을 만끽하기엔 최고이다. 높은 곳에서 내려다본 풍경은 배고프고, 아슬아슬 위험하면서도 힘겨웠던 긴 비행 여정조차 잊을 만큼 아름답고 화려하고 멋진 한 폭의 그림 그 자체다. 이것이 바로 자연의 품격이며,

대자연의 경이로움과 위대함일까?

 멋진 풍광에 너무 놀란 나머지 눈은 휘둥그레지고, 입은 턱이 빠져버린 듯 정지된 채 꼼짝 할 수 없을 정도다. 이러다가 구안와사(口眼喎斜)가 오는 건 아니겠지? 생각하며 눈을 부릅뜨고 보니, 마치 선진국의 드라마에서나 볼 수 있을 만한 신세계가 그의 눈앞에 펼쳐져 있다. 빨주노초파남보 무지개처럼 영롱하게 빛나는 조명 아래 위치한 새하얀 테이블보 위에는, 꽃으로 착각할 만한 요리들이 줄지어 진열되어 있다. 3단 케이크와 와인병들도 군기가 바짝 든 훈련병처럼 뻣뻣하게 서 있다. 잔잔한 재즈풍 음악이 흐르고 한껏 멋을 부린 한 쌍의 거인 남녀가 리허설을 하는 건지, 댄스 공연을 하는 건지 알 수는 없지만, 음악에 맞추어 춤을 추고 있다. 댄스 타임이 끝나자 하객들이 축하 인사를 건넨다. 이곳은 부유층 거인들이 사는 세상인가 보다.

 대저택에서 진행하는 최고급 뷔페 파티가 야외에

서 근사하게 열리고 있는 중이다. '기회는 이때다!' 하고 사람들 몰래 사뿐사뿐 재빨리 착지하며 내려앉았다. 이래저래 눈치를 살펴가며 눈칫밥을 먹으려니 음식이 입으로 들어가는 건지, 코로 들어가는 건지 모를 지경이다. 그렇지만 선천적으로 절대 미각을 가지고 태어난 그의 입맛으로 평가할 때 모든 음식의 맛은 황홀경을 뛰어넘어 쌍따봉 A+이다. 그가 사는 공동체 마을에서는 이처럼 화려하고 고급스러운 고가의 음식을 마주할 기회조차 없다. 앞으로도 이런 호사를 누릴 일은 없을 듯하다.

집에 있는 식구들 생각에 눈시울이 붉어진다. '세상이 참으로 불공평(不公平)하다'는 생각이 그의 뇌리를 잠시 스쳐 지나간다. 괴리감마저 든다. 에라 모르겠다! 초대받지 못한 불청객이지만 오늘 제대로 한바탕 여한이 없을 만큼 파티를 즐겨볼 생각이다. 이 시점 그는 적어도 이 드라마에서 순식간에 지나가는 사람 투(2)는 아니다. 어느 정도의 분량이 있는 조연 배우이다. 잠시 정적이 흐른다. 꽃무늬 나비넥타이와 꽃무늬 코사지로 장식한 흰색 상의에, 코발트 블루 색상 하의를 입은 키가 큰 여성이 등장한다. 천천히 그가 있는 쪽으로 다가오고 있다. 뭔가 느낌이 싸늘하다. 위기다. 비상상황이다. 그 여인이 방사포를 들고 왔다. 걸음아 나 살려라! 지금부터 젖 먹던 힘을 다해 죽기 살기로 도망쳐야 한다. 그는 여성이 한눈판 사이 친구들에게 고래고래 소리치며 잽싸게 몸을 숨긴다.

"날개야, 나 살려라!
거인이 오고 있다.
얘들아, 우리 빨리 날아가기 내기하자.

날개야, 나 살려라!
거인의 손에 있는 방사포를 보았느냐?
거인이 방사포를 쏘기 전에 죽어라 도망쳐라.

날개야, 나 살려라!
그야말로 우리는 파리목숨

거인이 방사포틀 쏘는 날엔
그날이 우리의 합동 제삿날
애들아, 우리 빨리 날아가기 내기하자.
젖 먹던 힘을 다해 날고 또 날아라!"

# 다르다는 이유로

끊어진 인연은 다시 붙일 수 없으며, 그럴 필요도 없고, 그곳에 신경 쓰는 에너지조차 아깝다는 생각이 들 때가 있다. 사람이 어려울 때 진짜 진정한 사람을 알 수 있다고 했다. 하지만 반평생을 살아보니 좋은 일이 있을 때 시기 질투하지 않고 진심으로 축하해 주는 사람도 진정한 사람임을 분별할 수 있게 되었다. 주변을 서성이다가 저 사람은 절대 이용당하지 않을 사람이라는 판단이 섰을 때 떠나는 사람, 또는 아예 이용 가치가 없다고 느껴질 때 떠나는 사람, 충분히 이용했으니 그 정도면 충분하다고 생각해 떠나는 사람들. 그 외에도 다양한 이유로 곁을 떠난다.

어떤 이들은 사는 방식과 가치관이 다른 것을 틀린 것으로 간주하거 비난하는 사람이 있는가 하면, 타인이 많은 것들을 자기 기준에 맞추도록 강요하는 사람들이 있다. 이런 상황의 반복됨이 길어질 때, 더욱더 깊어진 후 상대를 조종하여 심리적으로 지배하려 하는 인간관계를 우리는 '가스라이팅'gaslighting이라고 말한다. 현대를 살아가려면 이렇게 가스라이팅해서 사기를 치려는 자들에게도 현혹되지 않는 지혜가 요구된다 할 것이다.

나는 열심히 때로는 힘들게 사업체를 운영하며 살아가는 가정주부이다. 바쁘게 사는 대신 그에 대한 보상도 나름 누리며 살고 있다. 누구나 그러하듯 나의 우선 1순위는 가정이며 가족이다. 가정의 행복과 평안을 위해 힘들어도 견디며 사는 것! 열심히 일하며 흘리는 땀 또한 무엇과도 바꿀 수 없는 미덕이며 소중한 가치라 생각한다. 고로 힘들어도 즐겁고 행복하다. 여러 가지 사업을 하는 관계로 집순이면서도 사회생활을 왕성하게 하는 편인지라 나에게는 여러 부류의 많은 지인이 있다. 그들 중에는 나를 헷갈리게 하는 이들도 있다.

"왜 바보같이 일만 하고 살아? 너 그렇게 살아도 아무도 알아주는 사람 없어. 가족들도 몰라줘! 나중에 후회하지 말고 즐기면서 살아! 너 그렇게 살다가 쓰러지기라도 하면 남편과 자식이 화장실 가서 웃어! 우리는 시간이 날 때마다 여행 다니면서 하고 싶은 것 다 하고 산단다. 억울하지 않도록 죽기 전에 여태까지 모아놓은 재산 다 쓰고 죽어야지! 우리처럼 사는 게 잘 사는 거야!"

이처럼 나의 신념과 삶의 철학이 잘못된 것이라 말하는 사람, 나를 생각해서 조언해 주는 것이라 말하는 사람, 이렇게 말하는 사람들의 말을 들을 때면 내가 정말 인생을 잘못 살고 있나? 진짜 내가 바보처럼 살고 있나? 줏대 있는 나도 가끔은 이들의 말에 동요되어 자괴감이 들 때가 있다. 이런 감정이 문을 두드리면 나는 나 자체를 있는 그대로 받아주는 진정한 친구 5인 중 한 명에게 SOS를 요청한다. 내가 올바른 방향으로 걸어가고 있음을 확인받고 나서야 비로소 자신감을 회복한다.

사람과 사람이 좋은 관계를 오랫동안 유지하기 위해선 상대를 있는 그대로 받아들이며, 인정하고 존중해 주는 배려가 필수조건일 것이다. 요즘 세상에는 비평가들이 너무 많다. 특히 예술계나 문학계에 비평가들이 더욱 많은 것 같다. 한 영화 시사회를 보았을 때, 어떤 예술작품이나 문학작품을 접했을 때 가슴에 못이 박히도록 비판하며 악평을 쏟아내는 사람이 있고, 그와는 반대로 아낌없는 찬사를 쏟아내며 기립박수를 쳐주는 사람도 있다. 비평받은 사람들에게는 그 비평이 기폭제가 되어 더욱더 많은 명작을 탄생시키리라 믿어 의심치 않는다

남편과 나는 며칠 전 상주에 사는 큰언니와 형부를 만나고 왔다. 인생을 장편 다큐멘터리 문학작품

처럼 살아온 언니이다. 올해 나이 74세인 언니와 76세인 형부는 20대 중반 결혼하고부터 현재까지 매일 재래시장에서 장사하는 자영업자다. 손님이 콩나물과 오이를 주문하자 오래전 다친 다리를 절룩거리며 걸어오는 언니! 배추 세 포기와 열무 다섯 단을 들고 반 이상이 굽어진 허리를 움직이며 손님 차에 실어주는 형부! 생활이 어려워서 그리 사는 것도 아니다. 두 아들 다 장성하여 출가시키고 경제적으로 넉넉하게 사는 데도 말이다. 그 모습을 보고 마음이 편치 않은 남편과 나는 심란하면서도 안쓰러운 마음을 애써 감추고 집으로 돌아왔다. 며칠이 지나 나는 언니에게 전화를 걸었다.

"언니, 이제 애들도 다 잘 살고, 언니도 경제적으로 풍요로우니까 고생 좀 그만했으면 좋겠어"라고 조심스레 말을 건넸다. 언니는 이 나이에도 일할 수 있어 너무 행복하다고 대답했다.

"사는 게 다 그런 거지! 나는 내 생활에 만족해! 사는 날까지는 열심히 살아야지! 우리 애들 잘 살고, 너희들이나 잘 살면 돼. 우리 걱정은 하지 마!"

언니의 마음이 곧 부모의 마음, 가족의 마음, 후대를 생각하는 기성세대의 마음과 같음을 우리는 잘 알고 있다. 사랑하는 사람들을 위해 희생하며 살아가는 것이 자신의 행복인 양 생각하며 지금까지도 그렇게 살아가는 기성세대의 삶은 어쩌면 거룩한 유산일 수 있다. 후세대를 생각하는 거룩한 마음만큼은 물려줬으면 좋겠다고 생각한다.

전자에서 열거한 사람들처럼, 부정적인 말을 하며 자신과 생각이 다르다고 하여 남의 삶을 평가절하하고, 맞지 않는다는 이유를 들어 비평하며 상처 주는 말들을 하는 사람들, 개인 최우선주의, 이기주의가 팽배한 현대사회이기에 남을 배려하고 희생하는 마음을 기대하기란 쉽지 않을 것 같다.

2025년 현재 국제결혼 커플 세 쌍 중 한 쌍이 5년도 못 살고 이혼 도장을 찍는다고 한다. 우리나라 부부의 이혼 사유 중에도 가장 많은 원인이 성격 차이라고 할 만큼 타인과 타인이 만나 서로 맞춰간다는 것이 쉬운 일이 아니다. 이혼 부부를 따로 개인적으로 알고 보면 인간성이 좋고 멋있는 사람이 꽤 많다. 그들이 헤어진 이유도 서로 맞지 않아서일 것이다.

　우리는 인생이라는 여행길을 가고 있다. 100세 시대의 길고 긴 여행길이다. 무수히 많은 사람과 지나치며 짧은 인연, 긴 인연을 만들고 만남과 헤어짐의 연속이다. 오죽하면 오는 사람 안 막고 가는 사람 안 붙든다는 말까지 생겼을까? 이러한 현실에서 우리는 바람처럼 스쳐 지나가는 사람들이 내뱉는 말들에 상처받지도 말고 그들이 쏘는 화살을 맞아도 아파하지 않았으면 좋겠다. 감성적이고 맺고 끊는 일에 익숙하지 않은 사람일수록 더더욱 그렇다.

　여행길을 걷다 보면 신작로에 굴러다니는 뾰족한 돌에 걸려 자빠지기도 하고, 혼자 사색에 잠긴 듯 덩그러니 앉아 있는 벤치를 소파 삼아 막걸리 한 잔 걸치고 한량처럼 드러누워 잠들 수도 있다. 길을 걷다가 하늘에서 뿌리는 새똥에 곱게 차려입은 고가의 정장을 버릴 때도 있다. 장미꽃을 만지다가 가시에 찔려 피 흘려 보기도 해야, 사는 맛을 진정 느낄 수 있는 것이 아닐까? 우리 사회에는 직장에서 묵묵히 일하고 있는 사람들이 있고, 본연의 자리에서 최선을 다해 빛을 밝히며 사는 많은 이들의 거룩한 삶이 있다.

우리나라 정부의 일부 힘 있는 관계자들은 현재 주 5일 근무에서 주 4일 근무로 법을 바꾼다고 한다. 옛말에 일하지 않은 사람은 먹지도 말라는 말이 있다. 일하는 시간이 줄어들수록 소득이 줄어들 것은 당연한 이치이다. 이런 사회가 되면 일하고 싶어도 일할 수 없는 환경이 될 수도 있다. 일을 더 시켜 달라고 사정해도 일을 더 시키는 고용주가 범죄자가 되기에 투잡, 쓰리잡 하는 이들이 더 많아질 수도 있다. 중산층의 인구는 더 줄어들 수 있고, 하류층의 사람들 중 어쩌면 하루살이처럼 하루 벌어 하루 살아야 하는 인생들이 더 많아질까 봐 내심 걱정이 된다.

지금 지구는 전쟁과 천재지변, 기상이변으로 고통 받고 있다. 지진과 홍수, 화재, 전쟁으로 많은 사람의 사망 소식이 매일 들려온다. 세상은 온갖 '사' 짜들이 판을 치고 있다. 많은 사람이 다른 생각과 철학을 인정하지 않고 포용하려 들지도 않을 뿐더러 다름을 틀림으로 단정하고 서로에게 책임을 돌리며, 심지어는 저주를 퍼붓고 총을 겨누기도 한다.

특히 각국의 국가를 책임지는 정치, 철학 쪽이 유독 심한 것이 현실이다. 그리하여 전쟁도, 경제전쟁도 일어난다. 모든 것이 대혼란이다. 참사 소식을 접할 때 우리는 참담하다. 우리의 힘으로는 어찌할 수도 없다. 바로 앞에 있는 깃발 하나 보이지 않는다. 예언가들이 말하는 말세의 징조 때문일까?

남들이야 어찌 되든 말든 자기만 즐기며 살면 된다는 사람들의 수도 갈수록 늘어가는 추세이다. 물론 그들의 삶이 틀린 삶은 아닐 것이다. 성경에 나오는 소돔과 고모라의 백성들처럼 세상 사람 모두가

쾌락을 좇아가는 삶을 살지라도 나는 다르게 살고 싶다. 그들이야 이 세상이 곧 끝나는 것처럼 생각하고 즐기는 일에 취해 살든 말든 나는 이런 각오로 살 것이다.

"내일 지구가 멸망한다 해도 오늘 나는 한 그루의 사과나무를 심겠다!"

이런 철학자의 말을 되새기며 내가 서 있는 위치에서 내가 할 수 있는 최선의 삶을 살기 위해 노력하려 한다.

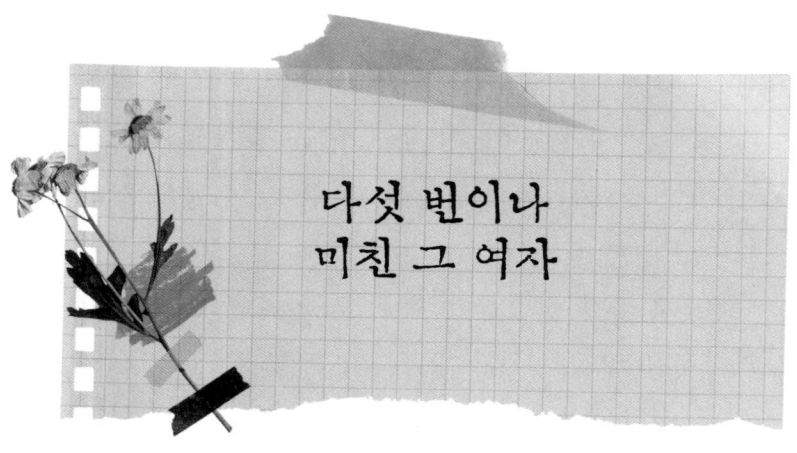

## 다섯 번이나 미친 그 여자

나는 동생과 벚꽃길 드라이브를 하던 중 어느 시골길 모퉁이를 돌아서는데 작은 도서관 건물이 눈에 들어왔다. 언뜻 봐도 수십 명쯤 되어 보이는 사람들이 줄지어 서 있다. 우리도 뭔지 모를 이끌림에 줄선 대열에 꼬리를 달았다. 한참을 기다리고 난 후에야 겨우 자리에 앉을 수 있었다. 강연장은 빈자리 하나 없이 가득 찼다.

작가 오○○ 강연회라고 적혀 있다. 어린 시절 문학소녀였던 우리는 소녀적 감성을 소환해 보기로 했다. 오프닝 무대가 끝나고 체구가 작은 한 여성이 등장했다.

"저는 행복한 사업가입니다. 그리고 작가입니다. 또 다르게 저를 소개해 드리자면 저는 여러 번 미쳤던 여자입니다. 제가 생각해도 제정신이 아니었던 것 같아요."

여자의 직설적인 화법에 나는 점점 빠져들기 시작했다. 그리고 생각했다.

'미친 과거가 있는 여자가 어떻게 강연까지 하는 사람이 되었을까?'

의문이 생겼지만 바쁜 일도 없던 터라 끝까지 들어보기로 했다.

"앉아 계신 분들께 질문 하나 여쭐지요. 혹시 살면서 한 번이라도 미쳐본 적이 있는 분 손들어 보세요."

갑자기 벼락이라도 맞은 듯 서로를 바라보며 정적만이 흐른다. 누구 하나 손드는 사람이 없다. 나는 속으로 생각했다.

'정말 정상이 아닌 사람이네. 나이 드신 어른들에

게 물어볼 말이 따로 있지! 정상인 사람들에게 미쳤었냐니?'

여자가 말을 이어간다.

"그럼 다른 질문을 하죠. 사랑을 한 번이라도 해보신 분!"

이번에는 대다수 인원이 손을 든다.

"여러분들도 한 번씩은 저처럼 미친 경험이 있으시네요. '결혼은 미친 짓이다!'는 영화처럼 사랑도 미친 짓이거든요. 사랑하는 이성의 얼굴이 밤새도록 내 눈앞에 아른거리고, 손 한 번 잡았을 뿐인데 며칠간 전기가 찌릿찌릿하고, 이런 게 미쳐야 나타나는 현상이니까요. 이제부터는 제 경험을 들려 드릴까 합니다.

저는 열다섯 살 때부터 서른 살까지 책에 푹 빠져 있었어요. 책을 사러 서점으로 갈 때는 가슴이 막 설레기도 했었죠. 머리맡에 항상 책을 두었고, 책 읽는 그 시간이 너무 좋아서 하루가 25시간이었으면 좋겠다고 생각했었으니까요. 다음은 남편을 만나 연애결혼을 했고, 사업을 할 때는 자료와 도면을 항상 침대 위 머리맡에 두고 시간 날 때마다 보고 또 보고, 잠이 안 올 때는 밤새도록 연구하고 그랬으니까요. 그 결과 사업 또한 성공 궤도에 올려놓았고, 현재까지도 사업을 하고 있습니다.

한 번은 가족과 함께 맛집을 찾아갔다가 그 인근의 멋진 비경에 빠졌어요. 이사를 해서 20년 넘게 그 지역에서 산 적도 있었어요. 얼마 전 한 동영상을 보게 되었어요. 전국의 산들이 화마로 불바다가 되고, 많은 사람의 생명을 앗아갔던 인재가 발생했었죠. 또 다른 지역까지 번져서 생사를 가르고 있는데 골프 라운딩 중인 한 여성이 불을 끄러 가기 위해 골프장 헤저드 물을 담고 있는, 아주 가까운 거리에 있는 소방헬기를 향해 샷을 날리는 영상이었어요. 아무리 골프를 좋아해도 그렇지 이건 아니잖아요? 이 행동이 우리의 상식에 맞는 행동입니까? 헬기가 공에 맞아 추락이라도 했으면 어쩔 뻔했어요? 남에게 피해 주는 위험천만한 행동은 절대 해서는 안 된다고 생각해요.

저 역시 골프에 푹 빠진 적이 있었어요. 연습장에 가서는 하루에 800개씩 휘둘렀었으니까요. 필드 라운딩에 다녀온 당일날 스크린 게임을 세 판씩 하기도 했었고. 골프를 너무 좋아한 나머지 '다시 태어난다면 골프장 집 딸로 태어나고 싶다!'라고 할 만큼요.

우리 부부와 같이 라운딩하는 일행들에게 남편이 하는 말 '그나저나 큰일이다. 집사람이 아무래도 공 치다가 저세상 갈까 봐! 미쳐도 적당히 미쳐 있어야지!' 그러면 동생들은 이렇게 말하곤 했죠. '아무 걱정 마요! 형님, 누님은 장례식장에서 관 속에 누워 있다가도, 공 치러 필드 가자! 우리끼리 말하면 나랑 같이 가! 하며 벌떡 일어나 관 밖에 앉아 있을 사람인데요. 절대 못 죽어요!' 이런 농담을 주고받을 정도였으니까요.

저는 감히 말씀드립니다. 사람이 꿈을 이루고자

한다면, 그 꿈이 어떤 일이든 미치지 않으면 이룰 수 없다. 단단히 미쳐라! 단 정상적으로 올바르게 미쳐라! 미쳐야만이 그 일을 도구로 목표 달성할 수 있을 것이다. 다른 말로 하자면 '죽도록 사랑하라!' 입니다.

 저는 요즘 또다시 책 읽기와 글 쓰는 일에 미쳐 있어요. 항상 침대 위 머리맡에 두고 읽고 또 읽고, 제가 쓴 원고를 보고 또 보고 첨삭을 합니다. 남편보다 더 많은 시간, 제 침대를 차지하고 있습니다. 그래서 작가가 되었습니다. 수필작품 두 편을 응모하여 신인문학상을 수상해 수필 등단작가가 되었고, 시 다섯 편을 응모해 신인문학상을 수상하여 등단 시인이 되었습니다. 그리고는 생애 최초로 단독 수필집 출간까지 하게 되었습니다. 이 성과는 제가 글을 쓰기 시작하고 난 후 불과 일 년 동안에 이룬 일들입니다. 제 나이 곧 환갑인데요, 인생은 60부터라고 했죠? 저는 아직도 이팔청춘이란 생각으로 살고 있습니다. 사랑하는 감정에는 나이와 아무 상관이 없습니다. 여러분도 저처럼 한 번쯤은 생산적인 일에 제대로 미쳐보십시오!"

 그녀의 강연을 듣고 온 나는 며칠 동안 생각하며 반성했다.

 '나는 단 한 번이라도 생산적인 일에 미쳐본 경험이 있었던가? 어떤 목표를 이루기 위해 그녀만큼 열정적으로 사랑하며 노력한 적이 있었던가?'

 애들 학교 보내고 남편 출근시키고 난 다음 동네 엄마들 만나 수다 떨고 친구들 만나 쇼핑하고, 그렇게 보낸 무의미한 시간들이 벌써 20년 세월이 흘렀다는 걸 깨닫게 되었다.

 지금 나는 평생학습관 홈페이지를 검색 중이다. 이제부터 나도 내가 할 수 있는 일을 찾아 미친 듯 사랑해 보려 한다. 돌이켜 생각해 보니 내가 느낀 그녀는 어쩌면 '미친 여자가 아닌 사람을 미치게 만드는 여자'란 생각이 든다.